齐白石年谱

胡　适 等编

浙江人民美术出版社

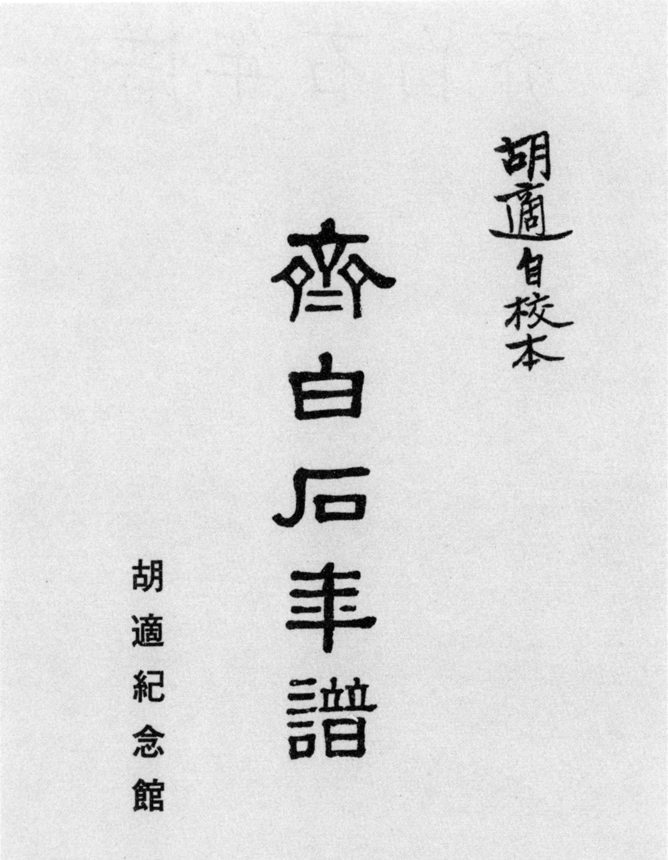

胡适自校本《齐白石年谱》封面

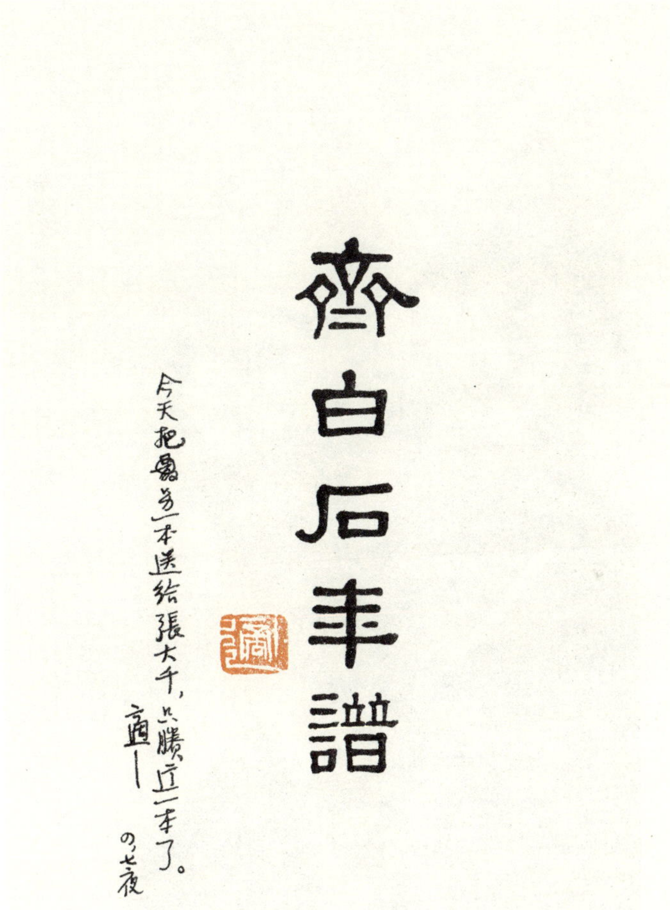

齊白石年譜

今天把最后一本送给張大千，只賸这一本了。

適之 四，七夜

胡适自校本《齐白石年谱》扉页

白石老人造像（罗寄梅摄）

出版说明

齐白石（1864 年 1 月 1 日—1957 年 9 月 16 日），湖南湘潭人，中国近现代国画大师，尤擅花鸟虫鱼，笔墨纵横雄健，造型简练质朴，色彩鲜明热烈，兼工篆刻、诗文，为一代艺术宗匠。齐白石出生于乡间贫寒之家，幼而失学，早年为木工画匠，年二十七始拜师学习诗文，脱离工匠生活，后专力于书画、篆刻、诗文创作。1920 年定居北京，自此活跃于北京书画界，六十岁后画风遽变，变法创新，融合传统写意画和民间绘画的表现方法，形成独特的艺术风格。新中国成立后，文化部授予“人民艺术家”称号。

1946 年秋，齐白石约请胡适撰写年谱，欲借胡适之笔，以传后世。1947 年夏，胡适根据齐白石提供的传记资料，分年编排，兼加考订，8 月写成年谱初稿，并送齐白石审查。胡适在编纂中发现白石翁自写的传记资料，相互间有抵牾矛盾之处，须重加考订。其中最主要的一事，就是齐白石因相信算命先生说他七十五岁有大灾难，于是用“瞒天过海法”，把七十五岁改为七十七岁，虚加了两岁。胡适虽对此事进行了一番调查，却未能得到明确答案，于是请黎锦熙相助查访。黎家与齐家有六七十年的亲切交谊，黎锦熙少时即与齐白石交游，熟悉白石老人的早年经历和湖南湘潭一带的文物掌故，是订补年谱的最佳人选。他多次拜访齐家，最终确认了齐白石的"瞒天过海法"，同时根据自己的日记和相关文献，订补年谱，使篇幅几增一倍之多。黎氏增补之后，历史学家邓广铭见年谱尚可补苴，于是翻检文献，益以《白石诗草》及老人师友著述资料。于是这部《齐白石年谱》终于成稿，1949年由商务印书馆出版，署"黎锦熙、胡适、邓广铭编"。胡适、黎锦熙、邓广铭合编的《齐白石年谱》，起于同治二年，止于民国三十七年，内容详实，较为完整地梳理了齐白石1949年以前的生平经历，文字精要，剪裁得当，是研究齐白石的珍贵资料。

胡适晚年定居台湾后，对《齐白石年谱》进行了修订，胡颂平编著的《胡适之先生晚年谈话录》有较为详细的记录：

> 1958年12月5日（星期五）。今天先生（即胡适，下同）出示《齐白石年谱》一册，预备借给齐白石的女儿齐良怜看的。先生翻开序文中的一小段，是用红色笔抹了去的，但仍还可以看得出来，原文是："如他说：'吾家星塘老屋，灶内生蛙，始事于画。''灶内生蛙'四个字岂是古文骈文家想得到的！"先生问胡

> 颂平："'灶内生蛙'是什么时代的话？"颂平说："好像是秦汉以前的故事？"先生说："这句话在《国策》《国语》里都有的，你们教国文的真要特别注意，一个不留神就会闹笑话。所以我把这几句话都抹去了。"先生又说："齐白石的年龄是九十五岁，不是九十七岁，他听了长沙舒贻上的算命，用'瞒天过海法'，跳了两岁。"
>
> 1959年3月5日（星期五）。去年十二月六日借给齐良怜的《齐白石年谱》，她已看了寄还。附了一封信，说谱中没有记载她的出生，补了一条。……先生把他的《齐白石年谱》自校本和这本刚由齐良怜寄回的年谱，要胡颂平把这条补上，同时用自校本再校一遍；因自校本上已经增添了一些材料，还有一些错字也照校正。

胡适的自校本增补了不少资料，并且最后记录了1957年齐白石在北京去世的消息。胡适自校本《齐白石年谱》于1972年由胡适纪念馆影印出版，署"编纂者胡适"，扉页有胡适题记："今天把另一本送给张大千，只剩这一本了。适之，一九五三，四，七夜。"胡适的自校本内容上进行了删定补充，可称为定本，2003年安徽教育出版社印行《胡适全集》，所收《齐白石年谱》即据此本整理。

自然《齐白石年谱》也存在疏漏错误之处。邓广铭《关于〈齐白石年谱〉的编写及其它》(原载《书林》1984年第6期)一文指出“在《齐白石年谱》中也还有需要补充和改正的几处”，其中最主要的一处，即是年谱将齐白石的阳历生日推算错了。齐白石生于同治二年十一月二十二日，这天恰好是公元1864年1月1日。齐白石四十岁至四十七岁数次出归，畅游南北各地，自言“五出五归”，实则有“六出六归”，年谱所记不无臆测失实之处。

此次出版《齐白石年谱》，主要做了以下编辑工作：一、年谱据胡适自校本排印整理；二、随文插配了胡适自校本的书影，并保留原版所附齐白石画作；三、参考张次溪《白石老人自述》，禹尚良、罗菡《齐白石年谱长编》，郎绍君《大匠之门：齐白石的世界》等资料，以脚注标明年谱所记失实疑误之处；四、附录《谭伯羽致胡适信》(自校本影印收录，标题为编者自拟)、邓广铭《关于〈齐白石年谱〉的编写及其它》(原刊《书林》1984年第6期)、关国煊《试续编〈齐白石年谱〉》(原刊台湾《传记文学》1984年2月第44卷第2期，总第261期)三篇相关文献；五、明显文字讹误予以径改，部分纪年、职务、机构等表述做了技术性修改。

目　录

插图目录

胡　序

民国三十五年（1946）秋天，齐白石先生对我表示，要我试写他的传记。有一次他亲自到我家来，把一包传记材料交给我看。我很感谢他老人家这一番付托的意思，当时就答应了写传记的事。

那时我新从外国回来，一时腾不出时间来做这件工作。到民国三十六年（1947）暑假中，我才有机会研究白石先生交来的这些材料：

（一）《白石自状略》（白石八十岁时自撰，有几个小不同的本子）：甲、初稿本；乙、初稿抄本；丙、初稿修改后印本（《古今》半月刊第三五期）；丁、写定最后本。

（二）《借山吟馆诗草》（自写影印本）。

（三）《白石诗草自叙》：甲、初稿本；乙、改定本。

（四）《三百石印斋纪事》（杂记稿本）一册。

（五）《入蜀日记》残叶。

（六）《齐璜母亲周太君身世》（白石自撰）。

（七）《白石诗草》残稿本，这里面有随时杂记的事，共一册。

（八）《借山图题词》（壬申抄本）一册。

（九）《齐白石传》（未署名，似系王森然作，抄本）一册。

（十）白石老人杂件（剪报、收函等等）一小包。

我读了这些材料，很喜欢白石老人自己的文章。我觉得他记叙他的祖母、他的母亲、他的妻子的文字（那时我还没有看见他的《祭次男子仁文》）都是很朴素真实的传记文字，朴实的真美最有力量，最能感动人。他叙述他童年生活的文字也有同样的感人力量。他没有受过中国文人学做文章的训练，他没有做过八股文，也没有做过古文骈文，所以他的散文记事，用的字，造的句，往往是旧式古文骈文的作者不敢做或不能做的！

试举几个例子。白石写他的《母亲周太君身世》，中有这一段：

> 田家供灶，常烧稻草，草中有未尽之谷粒，太君爱惜，以捣衣椎椎之，一日可得谷约一合。聚少成多，能换棉花。家园有麻。太君春纺夏绩，不歇机声。织成之布，先奉翁姑，余则夫妇自著。

又有这一段：

> 太君年三十后，翁弃世，……从此家境奇穷。〔太君〕恨不见纯芝兄弟一日长成，身长七尺，立能反哺。

前一段记椎谷粒，古文家也许写得到。后段“恨不见纯芝兄弟一日长成身长七尺”，古文家决不敢这样写。白石的传记文字里，这样大胆的真实描写最多。如他记民国七年在紫荆山下避兵乱的痛苦：

> 时值炎热，赤肤汗流，绿蚁苍蝇共食，野狐穴鼠为邻。如是一年，骨与枯柴同瘦，所有胜于枯柴者，尚多两目，惊怖四顾，目睛莹然而能动也。

又如他记民国八年他避兵乱北游时的心绪：

> 临行时之愁苦，家人外，为予垂泪者尚有春雨梨花。过黄河时乃幻想曰：“安得手有嬴氏赶山鞭，将一家草木同过此桥耶！”

这都是他独有的风趣，很有诗意，也很有画境。

我读完了白石先生交给我的这些材料，我就把一切有年月可考的记录分年编排，有时候也加上一点考订。当初我本想完全用白石先生自己的话作材料，所以我曾想题名作《齐白石自述编年》。编年的骨干当然是他八十岁时写的《白石自状略》。但我不久就发现了《自状略》引用时必须稍加考订。第一，因为《自状略》的本子不同，有初稿与修改稿的差别。第二，因为老年人记忆旧事，总不免有小错误，故我们应该在可能范围之内多寻参考印证的资料。第三，我最感觉奇怪的是《自状略》的年岁同白石其他记载里的年岁，往往有两岁的差异！《自状略》是他八十岁写的，其时当民国二十九年（1940）。从民国二十九年上推，他的生年应该是咸丰十一年辛酉（1861）。但我研究白石早年的记载，如《母亲周太君身世》等篇，白石是生在同治二年癸亥（1863）。我当时不敢亲自去问他老人家，只好托人去婉转探问他结婚时是和陈夫人同岁，还是比陈夫人小两岁。①（白石《祭陈夫人文》说："同治十三年正月廿一日乃吾妻于归期也，是时吾妻年方十二。是年五月五日吾祖父寿终。"《自状略》说他自己十二岁时祖父死。故我要他替我解答这个编年上的矛盾。如果他和陈夫人同岁，他们都是同治二年生的了。）但我得到的只是一个含糊的答复，我就明白这里面大概有个小秘密，我只好把我的怀疑与考据都记在初稿的小注里，留待我的朋友黎劭西（锦熙）先生回来解答。

《齐白石自述编年》是我在民国三十六年八月写成的。我把一本清抄本送给白石老人自己审查批评。我的原稿留在我家里，预备黎劭西回到北平时我要送给他看，请他添补改削。劭西回湖南去了，直到民国三十七年（1948）四月才回北平。他和白石老人都是湘潭县人，两家又有六七十年的亲切交谊。所以我早就打定了主意，这部《白石年谱》必须得着劭西的批评订补。他回到

① 小两岁，应为大两岁。陈春君生于同治元年，实长齐白石一岁。

北平不到两个月，我就把我的原稿送给他，很诚恳的请求他同我合作，完成这件工作。

黎劭西先生费了半年的工夫，添补了很多的宝贵材料，差不多给我的原稿增加了一倍的篇幅。他的最大贡献，至少有四个方面。第一，他时常去访问白石老人和他的儿子子如先生、他的女儿阿梅女士，从他们的口头手头得着不少资料，可以订正我的错误，解答我的疑问，补充我的不足。最重要的是查得白石老人因为相信长沙舒贻上替他算的命，怕七十五岁有大灾难，自己用“瞒天过海法”把七十五岁改为七十七岁！这一点弄明白了，年谱的纪年才可以全部改正。白石老人变的戏法能够“瞒天”，终究瞒不过历史考证方法！第二，劭西最熟悉湘潭一带的文物掌故，又熟悉白石老人做木匠时代的生活，故他不但替我注释了胡沁园、陈少蕃、萧芗陔、文少可诸人的名号事迹，并且用了许多有趣味的资料，把那个“芝木匠”时代的生活写的很充实、很生动，使我们明了当年湘潭一带的艺术文化背景，使我们知道天才的齐白石也受到了那个历史背景的许多帮助。第三，劭西对于绘画与刻印，都比我懂得多多，所以他能引用一些我不知道的文件来记叙白石在这两方面的经验与成就。特别是在学习刻印的经过，劭西的增补最可以补充我原稿的贫乏。第四，劭西有终身不间断的日记，他用了他的日记来帮助考定许多白石事迹的年月。他在自序里曾说他将来也许还可以从民国十三年（1924）以后的日记里寻出一点新材料来给《白石年谱》做“补遗”。我盼望他不要忘了这件补遗的工作。

劭西把他订补的《白石年谱》送给我看，那时已是民国三十七年（1948）十一月了。我又请我的朋友邓恭三（广铭）先生把全稿拿去细看一遍。邓先生是史学家，曾做过陈龙川、辛稼轩的传记。他和他的夫人、他的大女儿，都曾校读过我的《白石自述编年》初稿。恭三看了劭西订补本之后，来问我为什么不曾引用八卷本《白石诗草》的材料。我竟不知道白石自写影印的《借山吟馆诗草》一卷之外，还有一部八卷本《白石诗草》！劭西见我引用了《白石诗草自叙》，他猜想我必定已见了《诗草》全部，所以他也没有复检这八卷《诗草》。我请恭三放手做订补的工作。他不但充分引用了《白石诗草》里的传记资料，他还查检了王闿运的《湘绮楼日记》《湘绮楼全集》，和瞿鸿禨、易顺鼎、陈师曾、樊增祥诸人的遗集。他还没有做完这部分工作，我已离开北平了。在民国三十八年（1949）开始的几天，恭三夫妇和他们的大女儿可因分工合作，抄成这一部《白石年谱》的定本，辽远的寄给我。

这本《白石年谱》大概不过三万字，是黎劭西、邓恭三和我三个人合作的成果。我们三个人都是爱敬白石老人的，我们很热诚的把这本小书献给他老人家。他在八十五岁时曾有诗句：

莫道长年亦多难，太平看到眼中来。

我今天用这两句诗预祝他九十岁的寿辰。

我们本想请徐悲鸿先生审查这部小书，并且要请他挑选白石老人各个时期的代表作品来作这本年谱的附录。眼看这是不可能的了。我很感谢汪亚尘夫人和顾一樵（毓琇）先生从他们收藏的白石作品里挑出一些最可爱的精品来给这书作附录。

胡 适

三十八（1949），二，九

这印章是白石老人在一九四六年尾刻的。

印泥也是他自己制造的。适之。

作。

劭西把他訂補的白石年譜送給我看，那時已是民國三十七年（一九四八）十一月了。我又請我的朋友鄧恭三（廣銘）先生把全稿拿去細看一遍。鄧先生是史學家，曾做過陳龍川、辛稼軒的傳記。他和他的夫人，他的大女兒，都曾校讀過我的「白石自述編年」初稿。恭三看了劭西訂補本之後，來問我爲什麼不曾引用八卷本白石詩草的材料。我竟不知道白石自寫影印的借山吟館詩草一卷之外，還有一部八卷本白石詩草！劭西見我引用了白石詩草自敍，他猜想我必定已見了詩草全部，所以他也沒有覆檢這八卷詩草。我請恭三放手做訂補的工作。他不但充分引用了白石詩草裏的傳記資料，他還查檢了王闓運的湘綺樓日記，湘綺樓全集，和瞿鴻禨、易順鼎、陳師曾、樊增祥諸人的遺集。他還沒有做完這部分工作，我已離開北平了。在民國三十八年（一九四九）開始的幾天，恭三夫婦和他們的大女兒可因分工合作，鈔成這一部白石年譜的定本，遠遠的寄給我。

這本白石年譜大概不過三萬字，是黎劭西、鄧恭三和我三個人合作的成果。我們三個人都是愛敬白石老人的，我們很熱誠的把這本小書獻給他老人家。他在八十五歲時曾有詩句：

莫道長年亦多難，
太平看到眼中來。

我今天用這兩句詩預祝他九十歲的壽辰。

我們本想請徐悲鴻先生審查這部小書，並且要請他挑選白石老人各個時期的代表作品來作這本年譜的附錄。眼看這是不可能的了。我很感謝汪亞塵夫人和顧一樵（毓琇）先生從他們收藏的白石作品裏挑出一些最可愛的精品來給這書作附錄。

胡適。三十八（一九四九），二，九。

這印章是白石老人在一九四六年年底刻的。印泥也是他自己製造的。
適

黎　序

我从四岁时就跟着齐白石先生一块儿在家乡玩儿，一直到现在，有五十五年之久的关系，所以胡适之先生让我参加撰定他的年谱，真所谓谊不容辞，责无旁贷。

胡先生于民国三十六年八月已写定初稿四册，那时我正因事离开北平，到三十七年四月才从湘返平，六月胡先生把全稿交给我，我读过之后，心想：第一，所据白石《自述》材料的本身偶有错误，胡先生多用考证的方法发现出来，最好就请白石先生本人在原有材料上自行改正。第二，原有材料实在还有不够的，更需要他自己"用喉舌代纸笔"，即如他学画和刻印的过程，他的生活和他的艺术进展的关系，我虽然也略知道一些，可是并非本行，还得向他做个较长时间的访问。因此，从七月起，过门辄入，促膝话旧，经过半年，就胡先生的原稿随手订补。但是，年纪快到九十岁的白石老人，回忆往事，每不能记为何年。有时先后差上十几年他也不在乎。例如在清宣统元年己酉（1909）以前，他游过西安、北京、上海、南昌、桂林、梧州、广州、钦州以及苏州、南京各地，他自称"五出五归"，经胡先生考订只有三出三归，问他自己，他自己也不能断定，只说："或者有两出两归是在己酉以后吧？"他的次子子如和次女阿梅，现在北平，邀同检讨，他们那时尚幼，也觉"余生也晚"，不敢断定。有一天，我忽然想起，我自己的日记是从清光绪二十九年癸卯（1903）写起的，现都藏在北平，何不取来一查？结果就得到他四出四归的证据，还有一出一归是在己酉前一年，那时我已在北京，所以日记中没有关于他的记载。这么一来，我的直接访问的工作，仍须回到旁征曲引的考证路线上去。

于是我把我的日记来做旁证的材料，凡关于白石先生的记载，打算都摘下来，酌采注入他的年谱中。可惜我这个工作没有彻底做好，因为从癸卯至今四十五年间大小数十册的日记，并且从民国十一年起改用注音符号写的，从民国十六年（1927）起，又改用译音符号的国语新字，要查某人的姓氏名号，不如汉字之容易映入眼帘，非有工夫一行一行地细看不可，所以《白石年谱》中自民十三（1924）以后，就没有逐年逐月检寻我的日记，只把有关的事情抽查几处，补入注中。将来我若是根据自己的日记来自订年谱时，或者还可以给《白石年谱》写出一点儿"补遗"来，也还可以替往来较密而最久的师友们找出一些编订年谱的材料。

在这"回到考证路线"的原则下，邓恭三先生对于这部《白石年谱》的订补工作，是更有价值的；他从白石同时人的著述里，如《湘绮楼日记》等，找到一些有关的材料；又把胡先生所据白石的《自述》材料，复查一遍，拣补了一些。这部稿本重新缮定之后，看起来相当充实，可以出版了。

齐白石先生是一个天才的艺术家，但他更从七八十年来的环境中，磨炼了基本的实际功力，又收积了广博的创作经验。我对此道，虽幼年跟着他胡乱学习过，究竟不算内行，在年谱的按语中已经偶有几句叙评，应候专家批判，这序中不再絮说了。

黎锦熙　三十八年一月四日

于北平语小社

齊白石年譜

齊氏原籍碭山，明永樂時，落屯於湘潭曉霞峯的百步營。

十三世　盛槃公。

十四世　添鎰公（始葬於杏子隝星斗塘）。

十五世　潢命公，行三，呼爲命三爺。

十六世　萬秉公，字宋交，行十，呼爲齊十爺，白石祖父。清嘉慶十三年戊辰十一月二十二日生，同治十三年甲戌五月五日歿，享壽六十七。配馬氏，嘉慶十八年癸酉十二月二十三日生，光緒二十七年辛丑十二月十九日歿，享壽八十九。

十七世　貰政公，字以德，白石父，道光十九年己亥十二月二十八日生，民國十五年丙寅七月初五日歿，享壽八十八。配周氏，道光二十五年乙巳九月初八日生，民國十五年三月二十日歿，享壽八十二。

清同治二年（一八六三）癸亥，十一月二十二日，齊白石生於湖南湘潭縣南百里之杏子隝星斗塘老屋。派名純芝，後名璜；字渭清，又字蘭亭（祖父所命）；號瀕生；別號寄園，白石山人，寄幻仙奴，寄萍堂主人，老萍，萍翁，阿芝，木居士，老木一，三百石印富翁，杏子隝老民，借山吟館主者，借山翁。

白石之父名貰政，母周氏。白石自記「母親周太君身世」云：「太君，湘潭周雨若女。年十七，歸同邑齊貰政。兩家皆良民，故清貧。于歸日，檢箱，太君有愧容。姑曰，諺云，好女不著嫁時衣。太君始微笑。三日即躬親井臼，入廚炊爨。」

齐白石年谱

齐氏原籍砀山，明永乐时，落屯于湘潭晓霞峰的百步营。

十三世　盛椠公。

十四世　添镒公。（始葬于杏子坞星斗塘。）

十五世　潢命公，行三，呼为命三爷。

十六世　万秉公，字宋交，行十，呼为齐十爷，白石祖父。清嘉庆十三年戊辰十一月二十二日生，同治十三年甲戌五月五日殁，享寿六十七。配马氏，嘉庆十八年癸酉十二月二十三日生，光绪二十七年辛丑十二月十九殁，享寿八十九。

十七世　贳政公，字以德，白石父，道光十九年己亥十二月二十八日生，民国十五年丙寅七月初五日殁，享寿八十八。配周氏，道光二十五年乙巳九月初八日生，民国十五年三月二十日殁，享寿八十二。

清同治二年（1863）　癸亥

十一月二十二日（阳历12月22日）[①]，齐白石生于湖南湘潭县南百里之杏子坞星斗塘老屋。派名纯芝，后名璜；字渭清，又字兰亭（祖父所命）；号濒生；别号寄园、白石山人、寄幻仙奴、寄萍堂主人、老萍、萍翁、阿芝、木居士、老木一、三百石印富翁、杏子坞老民、借山吟馆主者、借山翁。

白石之父名贯政，母周氏。白石自记《母亲周太君身世》云：

> 太君，湘潭周雨若女。年十七，归同邑齐贯政。两家皆良民，故清贫。于归日，检箱，太君有愧容。姑曰："谚云，好女不著嫁时衣。"太君始微笑。三日即躬亲井臼，入厨炊爨。
>
> 田家供灶，常烧稻草。草中有未尽之谷粒，太君爱惜，以捣衣椎椎之，一日可得谷约一合。聚少成多，能换棉花。家园有麻。太君春纺夏绩，不歇机声。织成之布，先奉翁姑，余则夫妇自著。年余，衣布盈箱。翁姑喜之。
>
> 太君年十九，生纯芝，名璜。璜小时多病，每累母。忌食膻腻，恐从乳过。太君尝过新年，不知肉味。

① 齐白石生于清同治二年十一月二十二日，阳历应为1864年1月1日。

又白石《三百石印斋纪事》云:

戊辰十一月二十二日乃璜祖父重开花甲之期。……璜生时，祖父尝与祖母言曰，此孙他日当不忘吾诞辰，吾与伊同月同日也。

适按: 周太君年十七嫁齐家，年十九生白石。太君生于道光二十五年乙巳（1845），十七当咸丰十一年辛酉（1861），十九岁当同治二年癸亥（1863）。《周太君身世》是白石亲笔，则白石生年自应在同治二年，而咸丰十一年则是他父母结婚之年。白石当七十五岁时，采用星命家“瞒天过海法”，自己增加了两岁。他自己在八十岁时写《自状略》，其实他那时只能算七十八岁。世人依据《自状略》上推他的生年在咸丰十一年辛酉，实在是被他“瞒”了。

同治五年（1866） 丙寅

白石四岁。

天寒围炉，王父就松火光以柴钳画灰，教识“阿芝”二字。阿芝，余小名也。（为人题《霜灯画荻图诗》自注）

同治六年（1867） 丁卯

白石五岁。

二月，弟纯松生。（字效林，殁于民国十九年庚午，年六十四。）

同治九年（1870） 庚午

白石八岁，始从外祖父周雨若读书于白石铺枫林亭。

白石幼时，祖父（名万秉）常以指画字于膝上，或用炉钳画灰上，教他认字。一日或数十字，白石能不忘。祖父每叹息。白石的母亲知翁忧孙子无力从学，遂说："儿媳往年有椎草之谷四斗，存于隔岭某银匠家，为买钗计。可取回买纸笔书本。阿爷明年邀村学于枫林亭，纯芝可免束脩，朝去夜归，能得读书一年。"（《周太君身世》）

白石自记读书村学时，每逢"春雨泥泞，祖父左提饭箩，右擎雨伞，朝送孙上学，暮复往负孙归"。

白石自记，他"性喜画，以习字之纸裁半张画渔翁起。外王父（周雨若）尝责之，犹不能已"。

是年秋，白石因病，停止上学，"在家，以记事账簿取纸，仍旧习画"。

白石上村学，不满一年，病愈后，因家贫需人助力，故不再入学，即在家牧牛砍柴。白石自记云：

一日，王母曰："汝父无兄弟，〔吾〕得长孙，爱如掌珠，以为耕种有助力人矣。汝小时善病，巫医无功。吾与汝母祷于神祇，叩头作声，额肿坟起，尝忘其痛苦。医谓食母乳。母宜禁油腻。汝母过年节，尝不知肉味。吾播谷，负汝于背，如影不离身。今既力能砍柴为炊，汝只管写字！俗语云：'三日风，四日雨，那见文章锅里煮？'明朝无米，吾孙奈何？惜汝生来时，走错了人家！"

于是将《论语》挂于牛角，日日负薪，以为常事。（以上见《白石自状略》手稿甲本）

白石自记他牧牛时的情形云：

纯芝及弟纯松尝牧牛，归来迟暮，姑媳悬望。祖母令纯芝佩一铃，太君加铜牌一方，上有"南无阿弥陀佛"六字，与铃合佩，云可祓除不祥。日夕闻铃声渐近，知牧儿将归，倚门人方入厨晚炊。(《周太君身世》)

又，《白石诗草》题画牛诗自注云：

余幼年常牧牛，祖母令佩铃，谓曰："日夕未归，则吾倚门；闻铃声，则吾为炊，知已归矣。"

又,《白石诗草》有《山行见砍柴邻子感伤》诗,自注云:

余生长于星塘老屋,儿时架柴为叉,相离数伍,以柴爬掷击之,叉倒者为赢,可得薪。

白石的祖母姓马,父名传虎,湘潭人。王闿运撰墓志说:

生十岁,丧母,能自成立,孝事严父,慈育两弟。年十九,归同县齐君万秉。两姓寒族,……始昏三日,椎髻执爨,井臼躬职。……夫性刚烈,婉之以礼。(白石自撰《祖母墓志》云:"万秉公性刚直,负气不平,常与人争论,大母闻之,辄以言解之。")敬顺舅姑,克和娣姒,尤精纺绩,衣布有余。……有一子二孙,慈勤顾复,每助秋获,带笠负雏。众笑其痴,己增其爱。

是年十一月,白石的三弟纯藻生(字晓林)。

同治十三年(1874) 甲戌

白石十二岁。

是年正月二十一日,娶妻陈氏,名春君,是年亦刚满十二岁。(同治元年壬戌十二月二十六日生。)

五月五日,祖父万秉公病殁。《白石自记》云,是时"家财仅六十千文，尽其安葬。于是吾父一人耕，儿女多，无计为活，令吾学于木工。吾妻事祖翁姑之余，执炊爨，和小姑小叔，家虽贫苦，能得重堂生欢”。

适按：《白石自状略》记祖父死在他十二岁时。他晚年《祭陈夫人文》说：“清同治十三年正月廿一日乃吾妻于归期也。是时吾妻年方十二。是年五月五日吾祖父……寿终。”年岁皆合。但祭文又云：“吾与贤妻相处六十八年。”陈夫人死在庚辰二月（民国二十九年，1940），距甲戌为整六十六年，因白石当七十五岁时自己加了两岁，所以多说了两年。

熙按：湘俗童养媳与其夫大都年岁相当，先正式举行婚礼，谓之“拜堂”，便在夫家操作。等到成年，择期“圆房”，然后同居。白石与陈夫人是到光绪七年十九岁时才圆房的。

万秉公很早就能认识白石的天才，他待白石也特别慈爱。《白石自状略》记祖父之死云：

> 璜感王父以指画膝，以炉钳画灰，教之识姓名字样；皮衣抱孙睡，孙暖自寒。（自注：王父尝以乌羊皮裘抱孙于怀中暖睡为乐。）璜哭泣三日不食。
>
> 是年，璜父教之扶犁，后因年小力弱，转学木工。朝为工，暮归，以松油柴火为灯，习画，凡十余年。

白石学木工，初学粗工，后改学小器作，制造精微器物，并雕刻桌椅花纹。因选花样，得见《芥子园画谱》，甚爱之，遂一一摹绘。白石自幼即喜画，这个时期里他学了木匠的技巧，才得见画谱，故他的画不是专从临摹画本得来的。他学木工，雕刻花纹，也和他后来雕刻印章有关系。（参用王森然所记《白石事略》）

白石八十三岁时，有《忆先父》短文云：

> 予少时随父耕于星塘老屋前之田，向晚濯足星塘，足痛如小钳乱夹。视之，见血。先父曰："此草虾欺我儿也。"忽忽七十余年矣，碧落黄泉，吾父何在！吾将不能归我星塘老屋也！癸未五月十一日。

《白石自状略》于十二岁以后，二十七岁以前，无记事。他自记《周太君身世》中有云：

> 太君年三十后，翁弃世。……从此家境奇穷。恨不见纯芝兄弟一日长成，身长七尺，立能反哺。太君生六男三女，提携保抱，就湿移干，补破缝新，寸纱寸线未假人手，劳苦神伤，故中年已成残疾。

从此节可窥见此十余年中的生活情况，先抄在此。

光绪二年（1876） 丙子

白石十四岁。

十月，四弟纯培生（字云林）。

光绪四年（1878） 戊寅

白石十六岁。

是年从周之美学雕花木工。（白石撰有《大匠墓志》，云："周君之美，大匠也，以光绪丙午九月廿有一日死。……君于木工为最著，雕琢尤精。余师事时，君年三十有八。尝语人曰：'此子他日必为班门之巧匠，吾将来垂光，有所依矣。'君无子，故视余犹子也。越十年，余改业于画。又越十四年，余身行万八千里。三出三返，又越五年……君死矣。……忆自余从事以来，忽忽二十有九年，与余绝无间言。"）

白石后来常在齐伯常（名敦元，邑绅）家中作木工。后于《为家公甫（伯常子）画秋姜馆填词图》题诗中追记其事云："稻粱仓外见君小（自注：余廿七岁前为木工，常弄斧于君之稻谷仓前），草莽声中并我衰。放下斧斤作知己，前身应作蠹鱼来。"

黎戬斋《记白石翁》云："芝木匠（时乡人呼白石为芝木匠）每从其师肩斧提篮，向主家作业。……陈家垅胡姓，巨富也。凡有婚嫁具办奁床妆橱之属，必招翁为之。矜炫雕镂，无不刻画入神。"（熙按：陈家垅及竹坤一带，胡姓聚族而居，大都巨富，为宋胡安国后，与黎姓通婚姻。白石少时，于两家因缘最深。戬斋，名泽泰，一字尔谷，我族兄薇荪的次子。白石家居时，戬斋每年正月必过他家拜年，自幼至壮，不曾间断，所以熟悉关于白石的文献。）

光绪五年（1879） 己卯

白石十七岁。

八月，五弟纯隽生。（字佑五。民国十七年戊辰，死于匪乱，年五十。）

光绪八年（1882） 壬午

白石二十岁。

他晚年《祭陈夫人文》说：夫人“廿岁时，长女菊如在孕，一日无柴为炊，〔吾妻〕手把厨刀，于星斗塘老屋后山右自砍松枝。时孕将产生，身重，难于上山，兼以两手行”。又云：“以及提桶汲井，携锄种蔬，辛酸历尽，饥时饮水，不使娘家得闻。有邻妇劝其求去，吾妻笑曰：‘命只如斯，不必为我妄想。’”[①]

光绪九年（1883） 癸未

白石廿一岁。

---

① 齐白石长女菊如生于光绪九年（1883）九月，《祭陈夫人文》所记有误，此条应系于光绪九年。张次溪笔录《白石老人自述》即系此事于光绪九年（癸未，1883）。

九月，长女菊如生。（适邓氏。）

光绪十四年（1888） 戊子

白石廿六岁。

正月，六弟纯楚生。（字宝林。死于民国三年甲寅，年二十七。白石有哀满弟的诗与挽联。湘人呼幼为满。）

光绪十五年（1889） 己丑

白石二十七岁。

七月十一日，长子良元生。（字伯邦，号子贞。）

自记云：

> 年廿有七，慕胡沁园、陈少蕃二先生为一方风雅正人君子，事为师，学诗画。萧芗陔、文少可，不辞百里，往教于星斗塘。从此，画山水人物都能。更能写真于乡里，能得酬金以供仰事俯蓄。

熙按：萧芗陔、文少可两人，是白石最早的画师。萧馆于杏子坞马迪轩家，马为胡沁园的连襟，马告胡：乡有芝木匠者，聪明好学。胡始留意。当时白石在赖家垅做雕花活，每夜打油点灯自由习画。乡人见之曰："我们请胡三爷画帐檐，往往等到一年半载，何不把竹布取回，请芝木匠画画？"于是胡更留意。陈少蕃（名作埙，著有《朴石庵诗草》）时馆于胡家，沁园约白石来，对他说："《三字经》云：'苏老泉，二十七，始发愤，读书籍。'你正当此年龄，就跟着陈老师开始读书吧！"陈允不收学俸钱，日点《唐诗三百首》（湘语课读日"点书"），白石仅于八岁时（二十年前）读过半年书，识字太少，只好用"白（音怕）眼（ㄫㄢ）字"暗中自注生字之音，写在书页下端的里面，温习时即偷视之。"白眼字"者，同音通假之极常用字也。先是陈偕齐铁珊读书于一道士观中，白石的三弟为煮茶饭，白石时过之，因识铁珊。铁珊语白石："萧芗陔将到家兄伯常（见前光绪四年）家画像，何不拜为师？"白石遂以所作自由画李铁拐像为贽，旋至其家（萧家朱亭的花钿，相距约百里），尽传其法。文少可亦家传画像，闻白石师萧，因访白石，数宿，又尽传之。白石自记所谓"学诗画"者，是点唐诗、学画像。他做了十余年木匠，到二十七岁才正式从师，改业做画匠的。（湘俗尚巫祝，神像功对每轴售钱一千。白石自由习画时即优为之。又士大夫家必为祖先绘衣冠像，生时则备写真，名"小照"，白石出师后常被邀请，故能得酬金以赡家用。）从此观摩名作，发展他的天才。

白石晚年有《往事示儿辈》诗云：

> 村书无角宿缘迟，廿七年华始有师。灯盏无油何害事？自烧松火读唐诗。

自注云：

余少苦贫，廿七岁始得胡沁园、陈少蕃二师。王仲言社弟，友兼师也。朝为木工，夜则以松火读书。（熙按：王仲言先生名训，号蜕园，是我的蒙师，著有《蜕园诗文集》；是年还在从陈师读，附学胡家。）

王训晚年有《白石诗草跋》，中有一段足补白石自记的缺漏。王训说：

山人生长草茅，少时泼墨以自娱。胡君沁园，风雅士也，见君所作，喜甚，招而致之，出所藏名人手迹，日与观摩。君之画遂由是孟晋，有一日千里之势。沁园好客，雅有孔北海风。同里如黎君松安、雨民，罗君真吾、醒吾，陈君茯根，及训辈，常乐从之游。花月佳辰必为诗会。山人天才颖悟，不学而能。一诗既成，同辈皆惊，以为不可及。当是时，海宇升平，士喜文宴，同志诸子遂结诗社于龙山，酣嬉淋漓，颠倒不厌。其一时意气之盛，可谓壮哉！……

熙按：此序中黎君松安即家父；雨民是我族侄，名丹，清黎文肃公培敬之长孙。罗真吾、醒吾弟兄亦世族，其父军职家居，喜文墨，号蔬香老圃。陈茯根亦乡间有文名者。但这个“诗社”，甲午后才成立，不是这几年的事。

胡沁园，名自倬，字汉槎，是最有造于白石的一个人。他死后，白石《哭沁园师》绝句十四首，其中有云：

> 廿七读书年已中，顾余流亚蠹鱼虫。先生去矣休欢喜，懒也无人管阿侬。
>
> 学书乖忌能精骂，作画新奇便誉词。惟有莫年恩并厚，半为知己半为师。
>
> 平生我最轻流俗，得谤由来公独知。成就聪明总孤负，授书不忘藕花池。
>
> 穷来犹悔执鞭迟，白发恒饥怨阿谁？自笑良家佳子弟，被公引诱学吟诗！

胡沁园对于白石真有"成就聪明"的大功。（熙按：沁园是韶塘胡家，胡家多良田，善经营，惟沁园家不富裕，专事提倡风雅，奖掖后进。藏名人书画至多。辟小园，名藕花吟馆。）

光绪二十年（1894）　甲午

白石三十二岁。

《白石自状略》云：

> 借五龙山僧寺为诗社，社友王仲言辈，凡七人，谓为七子，推璜为龙山社长。黎松安、薇荪、雨民为诗友。识张仲飏，得见王湘绮，拜为弟子。

熙按：黎薇荪族兄，名承礼，号鲸庵，文肃第三子，行六，清光绪甲午翰林，改官四川，庚子即辞职归田，白石印友，摹刻得力最多，事在后五年。张仲飏，一号正阳，名登寿，少业铁工，湘绮弟子，传其经学，亦能诗，后与白石为儿女亲家。湘绮称为“两畸士”。惟白石拜湘绮为弟子事，亦在后五年。湘绮曾语吴劭之——名熙，湘潭人——云：“各人有各人的脾气。我们下有铁匠、铜匠；还有个木匠也好学，但他总不肯为我弟子。”因白石生有傲骨，不愿意人家说他趋附，前诗中所渭“平生我最轻流俗”是也，又其《挽沁园师联》亦有“衣钵信真传，三绝不愁知己少；功名应无分，一生长笑折腰卑”之句。

龙山七子，白石年最长，余为王仲言，罗真吾、醒吾，陈茯根，谭子荃，胡立三。见白石题《龙山访旧图》小序。（熙按：谭子荃是罗真吾的内兄。胡立三是竹坤胡家的，时为乡绅。龙山诗社常以黎雨民家为集会地点。是年后又组织罗山诗社，则以我家为集会地点。两山相距约五十里。）

白石于宣统元年自广州归后，有《与黎大松安书》云：

> 一日独坐，回忆十年前与公频相晤时，蜕园（王仲言）、云溪（黎裕昆）多同在坐。聚必为十日饮。或造花笺，或摹金石，兴之所至，则作画数十幅。日将夕，与二三子游于椒（杉）溪之上。仰观罗山苍翠，

幽鸟归巢；俯瞰溪水澄清，见蟛蜞横行自若。少焉月出于竹屿（白竹坳）之外，归诵芬楼，促坐清谈。璜不工于诗，颇能道诗中之三昧。有时公或弄笛，璜亦姑妄和之。月已西斜，尚不欲眠。……璜本恨不读书，以友兼师事公，……迩年以来，奔走半天下，……买山僻地，去白石愈远，平生之知旧艰于来，璜亦艰于往，独坐杜门，颇似枯衲，……安得化身为蜗牛，负其庐置之于罗山之侧！

熙按：这信是己酉十二月初九写寄的。信中“十年前”的“回忆”，就是从甲午到壬寅约八九年间的故事。白石翁长于家父实年八岁，长于我二十八岁。是年甲午，他始到我家来画像——因先祖父上年癸巳九月去世，请他来画衣冠遗像的。其时我才四岁，延王仲言师“发蒙”，书桌旁的凳子太高，他常抱我坐上去。先曾祖工画，所藏恣其观摹。相与刻印则稍后。大约这八九年间，他每年必在我家小住几个月。罗山俗名罗网山，在我家对面里许，是一林阜，中有元末陈友谅近亲古墓；前绕小溪，水自白竹坳来，有杉木桥，故名以杉溪。罗山诗社既组成，有时龙山社友亦联合来会于我家之诵芬楼——丁酉年新盖的书楼。光绪二十一年乙未，湘潭大旱，有“吃排饭”的——饥民排队到有存谷的人家去吃饭，不必吃光——适社友数十人来聚会，乡人都以为是吃排饭的饥民到我家来了。这信中所叙“造花笺，摹金石，作画，吟诗，弄笛”等事，我记得十岁左右也都参加过，号小社友，受白石翁的领导。

《白石诗草》卷六，题《画松》诗自注中，述及他和黎雨民相过从的一段旧事说：“余少时极贫，黎雨民过访，信宿不去，夜无油灯，常以松节烧火谈诗。”

白石的题画诗中，有两首述及他在杉溪的生活，一首是《曾为旧友黎德恂壁间画松寄题》，题下自注云：“德恂因字松庵。”诗中有两句说：“安得安闲情似旧，卧君书屋听溪声。”自注云：“黎君书屋外有杉溪。”另一首是《丹枫黄菊画赠黎松庵》，诗云：“三十年前溪上路，丹枫乱落黄花瘦。与君颜色未曾凋，人影水光独木桥。”自注云：“松庵居杉溪，溪上有独木桥，惟有耕者能过去，非行人桥也。松庵云：‘有人能倒退过此桥者，吾愿以佳印石赠。’余竟能得。”

是年二月二十一日，次子良黼生。（字子仁，娶王训女。民国二年癸丑十一月病死，年二十一。参后民国二年谱。）

光绪二十二年（1896） 丙申

白石三十四岁。

熙按：白石此年始讲求篆刻之学。时家父与族兄鲸庵正研究此道，白石翁见之，兴趣特浓厚，他刻的第一颗印为“金石癖”，家父认为"便佳"。此印及其早岁的工笔画"处女作"，多存我家，直到民国三十三年湘潭沦陷，被日兵摧烧殆尽。——家父的《松翁自订年谱》载，自丙申至戊戌共刻印约百二十方，己亥又摹丁、黄印二十余方，这几年白石与家父是常共晨夕的，也就是他专精摹刻图章的时候。他从此"锲而不舍"，并不看做文人的余事，所以后来独有成就。

光绪二十四年（1898）　戊戌

白石三十六岁。

十月，次女阿梅生。（适宾氏，夫死改适符氏。）

光绪二十五年（1899）　己亥

白石三十七岁。

见王闿运，拜门作弟子。

《湘绮楼日记》本年正月二十日记："看齐木匠刻印字画，又一寄禅张先生也。"十月十八日又记："齐璜拜门，以文诗为贽。文尚成章，诗则似薛蟠体。"十九日又记："齐生告去，送之至大马头。"

铭按："寄禅张先生"当指八指头陀，但《八指头陀诗集》末附有自述云："余俗姓黄氏，名读山，出家后本师赐名曰敬安，字寄禅，近乃自号八指头陀。先世为山谷老人裔孙。"湘绮称为张先生，可能是他把寄禅的姓记错了。

适按：王闿运说白石的诗“似薛蟠体”，这句话颇近于刻薄，但白石终身敬礼湘绮老人，到老不衰。白石虽然拜在湘绮门下，但他的性情与身世都使他学不会王湘绮那一套假古董，所以白石的诗与文都没有中他的毒。

熙按：近代湘潭有五怪：一和尚，即八指头陀，一铁匠，一木匠，一篾匠（制竹器的），一牧童。怪在家皆赤贫，绝对无力读书，而能以自力向学，挺出成名。前三人都与湘绮先后有缘；《湘绮楼日记》中的“张先生”，若不是记错了寄禅的姓，也可能就是指他的又一弟子张铁匠。

影摹丁、黄印谱，篆刻大进。（黎戬斋记白石翁云：“家大人自蜀检寄西泠六家中之丁龙泓、黄小松两派印影与翁摹之，翁刀法因素娴操运，特为矫健，非寻常人所能企及。……翁之刻印，自胎息黎氏，从丁、黄正轨脱出。初主精密，后私淑赵抝叔，犹有奇气。晚则轶乎规矩之外。”又白石于十年后——宣统庚戌——有《与谭三兄弟刊收藏印记》，略自道其经过：“庚子前，黎铁安（按：名承福，字寿承，文肃第四子，行九）代无畏兄弟（谭组安，延闿别号；弟组庚恩闿、瓶斋泽闿）索篆刻于余十有余印，丁拔贡（可钧）者以为刀法太懒，谭子遂磨去之。是时余正摹龙泓（丁）、秋庵（黄），与丁同宗匠，未知孰是非也。黎鲸公亦师丁、黄，刀法秀雅，余始师之，终未能到，然鲸公未尝相诽薄，盖深知余之纯任自然，不敢妄作高古。今人知鲸公者亦稀，正以不落汉人窠臼耳。庚戌冬余来长沙，谭子皆能刻印，想入赵㧑叔之室矣，复喜余篆刻。……湘绮近用印亦余旧刻。余旧句云：姓名人识鬓成丝。”)

《白石诗草》有《忆罗山往事》诗，述在罗山和黎松庵同学刻印时事甚详。全诗云：“石潭旧事等心孩(熙按：石潭坝在杉溪下流，距罗山里许)，磨石书堂水亦灾。(自注：余学刊印，刊后复磨，磨后又刊。客室成泥，欲就干，移于东复移于西，□于八方，通室必成池底。)风雨一天拖雨屐，伞扶飞到赤泥(自注：地名。熙按：赤泥坤，在罗山西北里许，山甚深)来。(自注：松庵闻余得数印石，冒风雨而来，欲与平分。)谁云春梦了无痕，印见丁、黄始入门。(自注：余初学刊印，无所师，松庵赠以丁黄真本照片。)今日羡君赢一着，儿为博士父诗人。(自注：松庵刊印，与余同学，其天姿有胜于余，一旦忽曰：“刊印易伤目，吾不为也。看书作诗，以乐余年。”)

熙按：是年(己亥)前数年，竹坤胡石庵父辅臣始介绍白石到皋山黎桂坞(名锦彝，文肃次子，行五)家画像，后渐熟识鲸庵、铁安兄弟。颇自负能篆刻，一日问铁安：“我总刻不好，奈何？”铁安答曰：“南泉坤的‘础石’，挑一担归，随刻随磨去，尽三四点心盒，都成石浆，就刻好了。”白石默识其言。自是至庚戌十年间果成名。(为湘绮所刻“湘绮楼印”，戬斋曾钤入所编《东池社刊》次期印辑，纯摹仿丁龙泓法。又杨潜庵言：白石刻印改学扮叔后，在黎鲸庵家见扮叔《二金蝶堂印谱》，大喜，即假去用朱钩存，其精不异原本，至今尚存。此可见其摹习之勤。）“晚则轶乎规矩之外”，乃是他的创格，故晚年名更高。

光绪二十六年（1900） 庚子

白石三十八岁。

是年春，全家迁于莲花峰下百梅祠堂。（《祭陈夫人文》。此地即狮子口。）始构借山吟馆。（自作《借山记》云：“余少工木工，蛙灶无著处。恨不读书。工余喜读古诗，尽数十卷。光绪庚子二月始借山居焉。造一室，额曰借山吟馆。学为诗数百首。”）

光绪二十七年（1901） 辛丑

白石三十九岁。

《自记》云：“辛丑识李翰屏。”蔡枚功谓翰屏曰：“国有颜子而不知，深以为耻。请来相见。”

熙按：蔡枚功，原名毓春，字与循，内阁中书，湘绮内弟。李翰屏，名镇藩，甲午举人，时亦官内阁中书。初，王船山裔继姜病殁潭市，家父介绍白石往画像，始渐与城市士绅往来。王复介往李家画像。翰屏不可一世，渐与白石成莫逆。

是年十二月十九日，白石的祖母马孺人殁，享年八十九岁。白石记万秉公行十，人呼为齐十爷，因呼马孺人为齐十娘。“晚岁家益贫，日食苦不给，常私自忍饥，留其食以待孙子。”（自撰《祖

母墓志》）白石晚年复追记云："马孺人爱孙甚笃。孙纯芝，年将八十，思之泪流伤心。"（《三百石印斋纪事》）

光绪二十八年（1902） 壬寅

白石四十岁。

到西安。《自记》云：

> 壬寅，识夏午诒（寿田），李梅庵（瑞清，号清道人）兄弟叔侄，郭葆荪（人漳）兄弟。
>
> 是岁之冬，夏午诒由西安聘为画师，教姚无双。（夏午诒的姬人。白石曾自刻小印，曰"无双从游"。）风雪过灞桥，远远看华山。到时，年将终，识樊樊山（增祥，时任陕西臬司），晤张仲飏、郭葆荪。游碑林、雁塔坡、牛首山、温泉。

由湘之西安，道出洞庭湖，画《洞庭看日图》。《白石诗草》卷二有诗追记此事，题下自注云："余壬寅冬之长安，道出洞庭，即画此图。"《白石诗草》卷七又有《霸桥》诗记西安之行。

是年四月初四日，三子良琨生。（后名患公，字大可，号子如，别号渔家村人。娶张登寿女。）

熙按：辛丑以前，白石的画以工笔为主，草虫早就传神。他在家一直的养草虫——纺绩娘、蚱蜢、蝗虫之类，还有其他生物，他时常注视其特点，做直接写生的练习，历时既久，自然传神，所以他的画并不是专得力于摹古。到壬寅，他四十岁，作远游，渐变作风，才走上大写意的花卉翎毛一派（吴昌硕开创的风气）。民初，学八大山人（书法则仿金冬心）。直到民六、民八两次避乱，定居北平以后，才独创红花墨叶的两色花卉，与浓淡几笔的蟹和虾。黎戬斋《记白石翁》云："翁作画，先学宋明诸家，擅工笔，清湘（大涤子，即释石涛）、瘿瓢（黄慎）、青藤（徐文长），得其神髓。晚乃独出匠心，用大笔，泼墨淋漓，气韵雄逸。"又云："书法出入北海、冬心，疏落有致。诗则清奇灵秀。治印亦有独造处。"

光绪二十九年（1903） 癸卯

白石四十一岁。

从西安到北京。还家。

《自记》云：

春三月，午诒请尽画师职，同上京师。樊山曰："吾五月相继至。太后爱画，吾当荐君。"

由西安上京华，道过黄河，望嵩高。到京，居宣外北半截胡同。识曾农髯（熙，衡阳人），晤李筠庵（瑞荃，梅庵弟）、张贡吾（翊六，湘潭人）。

五月之初，闻樊山已起行，璜平生以见贵人为苦事，强辞午诒，欲南还。午诒曰："既有归志，不可强留。寿田欲为公捐一县丞。……”璜笑谢之。

过黑水洋，到上海小住，还湘。（熙按：还乡在五六月间。我的《癸卯日记》：“六月廿六日，上午齐寄园先生来。”是年王仲言先生尚馆我家。）

在由陕西来北京的途中，画有《华山图》和《嵩山图》。《白石诗草》卷六，《自题闲看西山图》诗自注云：“余出西安，道过华阴县，登万岁楼看华山，至暮，点灯画图，图中桃花长约数十里。”

同书卷四，《题雪庵背临白石画嵩高本》有句云：“二十年前游兴好，□□涧外画嵩高。”自注云：“癸卯春，余由西安转京华，道出□□涧，携儿于涧外画嵩山图。”

白石于本年三月到北京后，即与友人肆游京畿各名胜。[①]《白石诗草》第一首为《题画寄樊樊山先生京师》，开首记其初到北京时的一段生活云：

十五年前喜远游，关中款段过卢沟。京华文酒相征逐，布衣尊贵参诸侯。陶然亭上饯春早，晚钟初动夕阳收。挥毫无计留春住，落霞横抹胭脂愁。（自注：癸卯三月三十日，夏寿田、杨度、陈兆圭，在陶然亭

① 禹尚良、罗菡《齐白石年谱长编》据齐佛来《我的祖父白石老人》，认为齐白石于四月五日抵京，《白石诗草》所记有误。

饯春，求余为画《饯春图》以记其事。）琉璃厂肆吾所好，铁道飞轮喜重到。

白石在游长安之前，曾作《借山图》，亦名《借山吟馆图》。其后他游西安、北京、江西、广西等地，都“自画所游之境”，总名《借山图卷》。《白石自状》不记作图起于何时。我细检《借山图题词》抄本，见其中有年月可考者重加排比，始得考定《借山图》的最早一部分是在他游西安之前画的。如谭延闿题两绝句，款题“壬寅六月”，这是在他游西安之前半年。又如徐崇立题的六绝句，有长跋云：

寄园先生自画所居借山吟馆为图，并自题二绝句。一时朋簪和者甚众。见而心赏，雅欲续貂。尘事匆匆，游即罢去。壬寅残腊，相遇于长安，……出纸属题，得偿夙愿。事隔两年，重逢异地，亦自幸墨缘为不浅矣。……癸卯早春同郡徐崇立初稿。

这篇跋最可证明白石初画的是《借山吟馆图》，其时约在光绪二十七年辛丑（1901）。后来白石遍游南北好山水，每“自画所游之境”，范围年年扩大了。日子久了，他自己也不记得他开始在何年了。他甚至于不记得他自己原题的两首绝句说的什么了。许多题诗的都是和他的原韵，第一首用还、关、山韵脚；第二首用风、蛩、钟韵脚。但白石在民国二十四年（乙亥，1935）自题《借山图题词》抄本云：

……黎苏庵诗是用余原韵。余原韵诗亦不见，余自忘矣，追思不可得也。（熙按：苏庵，名承禧，文肃幼子。）

樊增祥题的长歌，款为“光绪癸卯中和节”，中和节是二月一日。樊诗有句云：

山人无山恰有山，湘波如镜开烟鬟。……君有青山画里看，人有青山门外闲。……山人所至工修饰，纸窗竹屋明如拭。一只米家虹月船，四面嘉陵山水壁。竹林主人笑拍手，其人与屋皆不朽。

此诗可见《借山图》最初的状态。

光绪三十年（1904）　甲辰

白石四十二岁。

春间偕王闿运至江西，游庐山、南昌等地。秋还家。

《白石诗草》卷五，《滕王阁》诗题下自序云：“甲辰春，余侍湘绮师游庐山。秋七夕，湘绮于南昌邸舍招诸弟子联句，湘绮师首唱云：‘地灵胜江汇，星聚及秋期。’”

《自记》云:

> 甲辰,侍湘绮师远游南昌。七夕,师赐食石榴,招诸弟子曰:“南昌自曾文正公去后,文风寂然。今夕不可无诗。”坐中有铁匠张仲飏、铜匠曾招吉及璜,推为“王门三匠”。登滕王阁,小饮荷花池。游庐山。

熙按: 铜匠曾招吉,衡阳人,时在南昌以制造空运大气球为业,可坐二人,任风吹行,但试验时堕水。白石说他常着官靴,每自表示其能文章。

又《借山馆记》云:

> 甲辰春,薄游豫章。吾县湘绮先生七夕设宴南昌邸舍,召弟子联句,强余与焉。余不得有佳句,然索然者正不独余也。始知非具宿根劬学,盖未易言矣。
>
> 中秋归里,删馆额“吟”字,曰“借山馆”。

熙按: 我的《甲辰日记》:“十一月六日,寄园先生来。”“七日,灯下,与寄园先生学魏碑用笔法。”这是他从李筠庵处得来的。

光绪三十一年(1905) 乙巳

白石四十三岁。

游广西。

《自记》云："汪颂年（诒书）为提学使，偕游桂林，看佳山水。小游阳朔，穿走诸洞。"

《白石诗草·忆桂林往事》诗有自注云："乙巳年余初客桂林。"又云："乙巳冬，蔡松坡亦客广西，欲从事于画，余未敢应。"

《峭壁松林图》诗自注云："余曾游桂林，息峭壁下，有牧童自言：'此间多狐，常诱人入丛林中，数日不放，人亦忘归。'问山名，牧童不答。"

在桂林，开始以刻印为活，樊樊山为定润例。《忆桂林往事》诗自注云："乙巳年，余初客桂林，其篆刻纯似龙泓秋庵，樊山先生曾为书定润资：常用名印，每字三金。石广以汉尺为度，石大照加。石小二分，字若黍粒，每字十金。"

光绪三十二年（1906） 丙午

白石四十四岁。

游广东。冬，还家。

熙按：我的《丙午日记》："十月十二日，上午齐寄园先生来。"这年我十七岁，家居读书，记得那天白石翁吃过午饭就乘原轿回家去了，说不久还要上广东去。

始置田地建房屋于茶恩寺茹家冲。（前曰"借山"，至是"买山"。）

是年十二月初七日，长孙秉灵生。（良元子，字近衡，号移孙。白石十一月二十日移居新屋，不一月生孙，故名“移孙”，乡人祝之曰“人兴财旺”。后肄业于国立北京法政专校。民国十一年十一月病死，年十七。）

《自记》云：

越年节（乙巳年节），得父示，四弟与贞儿从军到广东，命璜追寻。璜过苍梧，至广州，居祇园寺，探问则已移军钦州矣。璜到钦州。郭葆荪（时官钦廉兵备道）留之教姬人画。游端溪，谒包公祠。复随军到东兴，过铁桥，看安南山水。久客思归，携四弟与贞儿由香港海道至上海。一日，思游虎丘山。是日至苏州，天色已晚，宿驸马府堂。虎丘归后，复寻李梅庵于金陵。居三月还家。

适按：《白石自状略》这一节，自“越年节”以下，不记年月。考其行踪，自广西梧州南下，到广州，又到钦州，则在广东省的西南角；又游端溪，则在肇庆府高要县，在广州的西面；后来又随军到东兴，东兴是钦州防城县最接近安南之地：故过铁桥即可看安南山水。大概白石在广东各地前后住了两年以上——从光绪三十二年丙午，到光绪三十四年戊申——己酉还家，由香港海道回到上海。白石在上海，也住了一个较长的时期。他游虎丘，寻李梅庵于金陵，都是宣统元年己酉的事（参看己酉年谱）。

光绪三十三年（1907）　丁未

白石四十五岁。

春，到广东钦州。（自忆是坐轿到广西梧州，再坐轮船转海道去的。）冬归。

适按：白石往高要县，游端溪，大概是在这年的春夏。《题石门画册》诗之《鸡岩飞瀑》一首，白石自注云："丁未春夏，余小住肇庆，尝偕郭憨庵游鼎湖山，观飞泉潭。"

此可见白石为郭葆荪姬人教画，游端溪，都是丁未小住肇庆前后的事。

光绪三十四年（1908）　戊申

白石四十六岁。

仍游广东。[①]

宣统元年（1909）　己酉

白石四十七岁。

从上海回湘潭。

在回湘之前，他曾游苏州，并于中秋节"携儿辈同游虎丘"，

① 戊申年初，齐白石受罗醒吾之邀，再游广东，二月至广东，卖画刻印，期间受罗氏之托为同盟会传递秘密革命文件，至秋还家。是为五出五归。

后又访李梅庵于金陵。盘桓于沪、苏、南京诸地凡三月。《白石诗草·题画寄樊樊山先生京师》诗中有自注说："己酉八月十五夜，携儿辈同游虎丘。是夜无月，借人瘦马，几惊，危险。"《自状略》说："虎丘归后，复寻李梅庵于金陵，居三月，还家。"

《借山图题词》抄本有虞山病鹤题的《青玉案词》，款云：

> 宣统元年己酉九月，白石先生归湘潭，谱此送之。即题于《借山图册》。虞山病鹤，时同客海上。

据此，知道白石归家在本年九月。

熙按：我的《己酉学堂日记》："十月初八，午饭后至胡宅（在通泰街），晤寄公、云溪、仲师（时馆胡家）、仙甫（沁园长子）、五丈（即胡石庵，主人也）……"是时我在长沙优级师范学堂读书，常往胡家。

白石于壬申（民国二十一年，1932）作《白石诗草自叙》，开篇即说：

> 壬寅年，吾年四十，始远游。至己酉，五出五归，身行半天下。

自壬寅至己酉（1902至1909），白石游览佳山水有六大处：壬寅自湖南到西安，癸卯自西安到北京，由海道经过上海回湖南。此一出一归也。甲辰游江西南昌与庐山，是年回湖南。此二出二归也。乙巳从湖南到桂林，看广西山水；丙午从广西到广东，回湖南。此三出三归也。丁未春游广东，冬回湖南。此四出四归也。戊申复游广东，由海道到上海，至己酉九月始回湖南。此五出五归也。他游览了六大处山水（陕西、北京、江西、广西、广东、江苏）。[①]

《诗草自叙》说：

> 壬寅……至己酉，身行半天下。虽诗境扩，益知作诗之难。多行路，还须多读书。故造借山吟馆于南岳山下，……熟读唐宋诗，不能一刻去手，如渴不能离饮，饥不能离食。然心虽有得，胸横古人，得诗尤难。

《自状略》也说：

> 造一室，曰借山吟馆，置碧纱厨于其中，蚊蝇无扰。读古文诗词，吟新句。将所游好山水初稿重画，编入《借山图》，共得五十余图册。余闲种果木

---

① 据齐白石《寄园日记》：齐白石戊申年十二月初十得郭葆孙邀请赴粤，至己酉年二月初十启程，经汉口乘火车，廿一日到上海，坐船至香港，廿六日到港；三月初三由香港赴北海；七月启程还乡；八月初经梧州到广州，十五日由广州复经香港坐船回沪，二十日到沪，廿一日到苏州，寓苏州穿珠巷鸿升栈；九月返乡。是为六出六归。齐白石游苏州虎丘为八月廿二日，《白石诗草》所记恐误。

三百株。

宣统二年(1910) 庚戌

白石四十八岁。

是年黎鲸庵于岳麓山下新造听叶庵,九月,邀白石往游。

《借山吟馆诗草》有《孤吟寄黎凫衣》诗,题下自注云:"凫衣者,黎承礼辛亥后自呼也。"诗末自注云:"庚戌冬,凫衣于〔岳〕麓山下造一室,曰听叶庵,招余游焉。"

又,《凫衣和前题,次韵赠之》诗自注云:"凫衣和诗云:'探梅莫负衢山约。'时正九月。"(铭按:衢山为天衢山,在湘潭城南五十二里,见白石《老病兼寄凫衣》诗自注。)

熙按:麓山湖南高等学堂,即岳麓书院旧址。是年黎鲸庵为监督,张铁匠为教务长,招白石游山,寻李北海《麓山寺碑》。后白石壬子岁和鲸庵诗有"麓山无复寻碑梦"之句。(我的《庚戌学堂日记》:"十一月十七日,晚至胡宅,晤五丈、仲师及寄园。"是白石冬间尚在省垣也。)

宣统三年(1911) 辛亥

白石四十九岁。

在长沙,求王闿运为他祖母马孺人作墓志铭,并求他写碑。墓志的大概,已引见前文。

是年三月初八日清明节，节后二日白石应王闿运之邀，到瞿鸿机家看樱花和海棠，并禊饮于瞿家的超览楼。

上两事在王闿运的《湘绮楼日记》中记载甚详：

二月廿六日，未朝食，齐濒生来求文。

三月九日，阴，当招齐木匠一饭，因令陪军大（指瞿鸿机，因他曾任军机大臣）。

十日，晴。午初过子玖（瞿鸿机字），同请金（甸臣，嘉兴人）、谭（祖同）、齐（白石）看樱花海棠。子玖作樱花歌，波澜壮阔，颇有湘绮笔仗，余不敢和，以四律了之。坐客皆和。……谈宴一日始散。

四月六日，作《齐志》。

七日，作《齐志》成。

白石《自记》云：

壬子春，闻湘绮师又来长沙，居营盘街，璜往侍。谭三兄弟邀往荷花池上，为其先人写真。忽湘绮师函示云，明日约文人二三，借瞿氏超览楼一饮。……得见超览楼主人及诸公子（主人即瞿鸿机，公子之一为瞿宣颖）。湘绮师曰："濒生足迹半天下，久未与同乡人作画，可为画《超览楼禊集图》。"……璜因事还乡，久未画图报命。

铭按：据《湘绮楼日记》所载，知道王、瞿共邀白石诸人禊集看花，确实是在宣统三年三月，白石的《自状略》各稿本皆作“壬子春”，是向后错了一年；瞿宣颖作《白石翁八十寿文》，中记此事，谓在“宣统己庚之间”，又向前错了一二年。瞿宣颖转载《状略》(《古今》半月刊三十五期，页一五)无“壬子春”三字，将此事并入辛亥年，是不错的。

熙按：辛亥是也。白石写真，能于纱衣里面透视袍褂上之团龙花，自称为绝技。又于地毯右方角上画一“湘潭齐璜濒生画像记”小印。此皆于是年所画谭组庚衣冠像上可以窥见。组庚行四，为“谭三”组庵弟，瘵殁于己酉八月，在辛亥革命前。(胡校：据谭伯羽信，组庚似原名“祖唐”。)又《湘绮日记》中之“谭祖同”，即瓶斋，行五。(胡校：谭伯羽来信：“白石老人为摹先祖文勤公貂褂象，时为庚戌，住荷花池舍间甚久，羽兄弟皆径以‘齐木匠’呼之，并从之刻图章。是年八月中秋后一日，先四叔祖庚去世〔非如谱中所载己酉〕，所绘像系着铁线纱褂，罩平金蟒袍。”一九五一、六、十五，胡适之。)

中华民国元年(1912)　壬子

白石五十岁。

上兩事在王闓運的湘綺樓日記中記載甚詳：

二月廿六日，未朝食，齊瀕生來求文。

三月九日，陰，當招齊木匠一飯，因令陪軍大（指瞿鴻禨，因他曾任軍機大臣）。

十日，晴。午初過子玖（瞿鴻禨字），同請金（甸丞，嘉興人）譚（組同）齊（白石）看櫻花海棠。子玖作櫻花歌，波瀾壯闊，頗有湘綺筆仗，余不敢和，以四律了之。坐客皆和。……談宴一日始散。

四月六日，作齊志。

七日，作齊志成。

白石自記云：「壬子春，聞湘綺師又來長沙，居營盤街，璜往侍。譚三兄弟邀往荷花池上，為其先人寫眞。忽湘綺師函示云，明日約文人二三，借瞿氏超覽樓一飲。……得見超覽樓主人及諸公子（主人即瞿鴻禨，公子之一為瞿宣穎）。湘綺師曰：『瀕生足跡半天下，久未與同鄉人作畫，可為畫超省樓禊集圖。』……璜因事還鄉，久未畫圖報命。」

銘按：據湘綺樓日記所載，知道王瞿共邀白石諸人讌集看花，確實是在宣統三年三月，白石的自狀略各稿本皆作「壬子春」，是向後錯了一年；瞿宣穎作白石翁八十壽文，中記此事，謂在「宣統己庚之間」，又向前錯了一二年。瞿宣穎轉載狀略（古今半月刊三十五期，頁一五）無「壬子春」三字，將此事併入辛亥年，是不錯的。（照按：辛亥是也。白石寫眞，能於紗衣裏面透視袍褂上之團龍花，自稱為絕技。又於地毯右方角上畫一「湘潭齊璜瀕生畫像記」小印。此皆於是年所畫譚組庚衣冠像上可以窺見。組庚行四，為「譚三」組庵弟，蓋歿於己酉八月，在辛亥革命前。又湘綺日記中之「譚組同」，即瓶齋，行五。）

據譚伯羽信，組庚似原名「祖庚」。

中華民國元年（一九一二）壬子

白石五十歲。

民國二年（一九一三）癸丑

按譚伯羽來信，說「白石老人為摹先祖文勤公披掛像，時為庚戌，住荷花池舍間甚久，伯兄弟皆呼以『齊木匠』，並從之刻圖章。是年八月中秋後一日，先四叔祖庚去世（非如譜中所載己酉），所繪像係著鐵線紗褂，四團平金蟒袍。」（六，十五）

胡適

民国二年（1913） 癸丑

白石五十一岁。

十一月，次子良黼病死。（白石有《祭次男子仁文》，略道自己的生平，节抄在此，可印证前此十余年间的事："吾居星塘老屋，灶内生蛙，始事于画，为家口忙于乡里。仁儿兄弟虽有父，实若孤儿。前清光绪廿六年春，借山狮子口居焉。仁儿年六岁，其兄十二岁，相携砍柴于洞口；柴把未大如碗，贫人愿子能勤，心窃喜之。夏，命以稻草棚于塘头守莲，一日吾入自外，于窗外独立，不见吾儿，往视之，棚小不及身，薄且筛日，吾儿仰卧地上，身着短破衣，汗透欲流，四旁野草为日灼枯，余呼之曰：'子仁！睡耶？'儿惊坐起，抹眼视我，泪盈盈，气喘且咳，似恐加责。是时吾之不慈尚未自觉也。卅二年冬，买山于此处，至民国二年秋，八阅寒暑。八年之间，吾尝游桂林及广州。吾出，则有吾儿省祖理家，竹木无害。吾归，造寄萍堂，修八砚楼，春耕小园，冬暖围炉，牧豕呼牛，以及饭豆芋魁，摘蔬挑笋，种树养鱼，庋书理印，琢石磨刀，无事不呼吾儿。此吾平生乐事也。儿事父母能尽孝道，于兄弟以和让，于妻女以仁爱，于亲友以义诚；闲静少言，不思事人，夜不安宿，绝无所嗜。年来吾归，尝得侍侧，故能刻印。因宣统三年之变，急于防害，始习枪击，遂至好猎。世变日亟，无奈何，九月初六日忍令儿辈分爨。十一月初一日，吾儿病作，初八日死矣……初三日尚坐吾厨下，手携火笼，足曳破布鞋，松柴小火，与母语尚愁其贫，不意人随烟散！悲痛之极，任足所之，幽栖虚堂，不见儿坐；抚棺号呼，不闻儿应。儿未病，芙蓉花残；儿已死，残红犹在。痛哉心伤！膝下依依二十年，一药不良，至于如此！……”）

熙按：白石所造之寄萍堂，后院有竹笕通泉，客来烧茶，不待挑水。室内陈设雅洁，作画刻印之几案，式样古简，皆自出心裁。大约清末民初数年间是白石乡居清适、一生最乐的时期。他那时也实有“终焉”之志。他的创作天才多表现于日用的门窗几席间。所御都具机轴，非凡品。民六避乱离乡以后，环境才促使他更扩展到艺术上进一步的成就。

民国三年（1914） 甲寅

白石五十二岁。

家居。

《借山吟馆诗草》有诗题云：“甲寅雨水节前数四日，余植梨三十余本。”

是年夏，白石的六弟纯楚死于湘潭。《借山吟馆诗草》有《题六弟小影》诗，题下自注云：“戊申夏余戏为画小影，壬子冬病归，甲寅夏死矣。因题之。”

民国五年（1916） 丙辰

白石五十四岁。

山居，临张叔平画。是年九月，白石于乡间获观邻人藏画四帧，原题有“柏酒”“益寿”“拜石”“笔林三百八株之余子”等字样。白石临摹一过，自题云：

余见其画笔题字及印章，实系张叔平先生手迹，世人不有萍翁，谁能辨之？

自临画幅又加题云：

戬斋七兄来借山，见余临张叔平先生画，意欲袖去。余知叔平先生与文肃公为同年友，非独喜余画，遂欣然赠之。丙辰十月，璜记于寄萍堂。

熙按：张叔平，名世准，湖南永绥人，道光己酉举人，与文肃同年。擅丹青，工篆刻。白石客皋山黎家时，每假阅而临习之。是亦其画学渊源之一。

民国六年（1917） 丁巳

白石五十五岁。

夏五月，避乡乱，到北京。适逢张勋复辟，段祺瑞于马厂出师致讨，遂又到天津避兵。《白石诗草·京师杂感》诗有自注云：“余阴历五月十二日到京，适有战事，二十日避兵天津，火车过黄村、万庄，正遇交战，车不能停，强从弹雨中冲过。易实甫犹约听鲜灵芝演剧，余未敢应。”又，《白石诗草自叙》云：“丁巳春，湘中军乱，草木疑兵，复遁京华。”

樊山本年六月初三日有五言律诗一首赠白石，其小序云：

> 濒生以丁巳五月至京，适有战事。兵后将归，赋诗为赠，即题其集。

《自记》云：

> 丁巳避乡乱，窜入京华。旧识知诗者樊樊山，知刻者夏午诒，知画者郭葆荪，相晤。璜借法源寺居之，卖画及篆刻为业。识陈师曾（衡恪）、姚茫父（华）、陈半丁、罗瘿公（惇曧）兄弟（瘿公弟敷庵，惇㬊）、汪蔼士（吉麟）、萧龙友（号息园）。

熙按：白石此次到北京，初未住在法源寺，我的《瑟僩斋日记》：“民国六年八月廿六日，下午四时半过排子胡同（前门外西河沿）阜丰米局（内有一大所公馆，郭葆荪家寓此），访齐璜翁，不晤，归。”十月七日下午又往访，仍不晤。“二十三日晚饭后，齐濒翁、朱子翁（子佩，一号师晦，名德裳，湘潭人）至。”是时我住宣外香炉营西横街。又是年白石为杨潜庵刻“枕善而居”印跋云：“余尝游四方，所遇能画者陈师曾、李筠庵，能书者曾农髯、杨潜庵先生而已。李梅痴能书，赠余书最多，未见其人，平生恨事也。

潜庵赠余书亦多，刻石以报，未足与书法同工也。丁巳七月中，齐璜并记。时二十日，由西河沿上移榻炭儿胡同。”按：所居排子胡同即在西河沿；阴历七月二十日为国历九月六日，故我十月七日往访不晤，是他已移榻了。炭儿胡同亦郭宅，有同寓者与白石不相能，故白石不久又移榻法源寺与潜庵同寓。他又为潜庵刻“视道如华”印，跋云：“余二十年来尝游四方，凡遇正人君子，无不以正直见许。独今年重来京华，有某无赖子欲骗吾友（按：‘吾友’系指郭葆荪），吾友觉，防之，某恐不遂意，寻余作难，余避之潜庵弟所居法源寺如意寮。倾谈金石之余，为刊此印。丁巳八月廿八日，兄璜并记。”潜庵又谓：据前印跋语，民六时，白石尚未与清道人相见，后三年即民九，清道人遂殁，其间白石并未曾至宁沪，似此，壬寅“识李梅庵兄弟叔侄”，殆未识其本人；己酉“寻李梅庵于南京”，似亦未晤。我因径询白石，他记得在清宣统间，清道人兄弟二人曾到湘潭，寓城内郭武壮祠，相访未值，但最后似曾见了一面。

是年六月初三日，樊山题《白石诗草》云：

> 濒生书画皆力追冬心。今读其诗，远在花之寺僧之上。……冬心自道云：“只字也从辛苦得，恒河沙里觅铜金。”凡此等诗，看似寻常，皆从刿心钵肝而出，意中有意，味外有味，断非冠进贤冠，骑金络马，食

中书省新煮餕饪头者所能知。惟当与苦行头陀在长明灯下读，与空谷佳人在梅花下读，与南宋前明诸遗老在西湖灵隐、昭庆诸寺中，相与寻摘而品定之，斯为雅称耳。

此即《白石诗草自叙》（初稿本）所记“樊山先生见其〔诗〕稿赠以言，劝予刊之”。

是年七月陈师曾（衡恪）有诗题《借山图》云：

　　曩于刻印知齐君，今复见画如篆文。束纸丛蚕写行脚，脚底山川生乱云。齐君印工而画拙，皆有妙处难区分。但恐世人不识画，能似不能非所闻。正如论书喜姿媚，无怪退之讥右军。画吾自画自合古，何必低首求同群？

熙按：师曾是时与我同事教育部编审处，我的《瑟僴斋日记》民六：“十月廿五日，师曾来，谈及濒翁近所刊印，纵横有余，古朴不足。画格甚高，然能赏之者即能评其未到处。”

是年冬，“湘乱稍息，复还乡”（《诗草自叙》）。

《白石诗草》卷一有诗题云：“丁巳十月初十日到家，家人避兵未归。时借山仅存四壁矣。”

民国七年（1918） 戊午

白石五十六岁。

在湘潭。

《白石诗草自叙》云：

越明年戊午，民乱尤炽，四野烟氛，窜无出路。有戚人居紫荆山下，地甚僻，茅屋数间，幸与分居，同为偷活，犹恐人知。遂吞声草莽之中，夜宿露草之上，朝餐苍松之阴。时值炎热，赤肤汗流。绿蚁苍蝇共食，野狐穴鼠为邻。如是一年，骨与枯柴同瘦，所有胜于枯柴者，尚多两目，惊怖四顾，目睛莹然而能动也。（用《诗叙》初稿本）

民国八年（1919） 己未

白石五十七岁。

重来北京。冬，又还湘省亲。

《白石诗草自叙》云：

己未，吾年将六十矣，乘清乡军之隙，仍遁京华。临行时之愁苦，家人外，为予垂泪者尚有春雨梨花。过黄河时乃幻想曰："安得手有羸氏赶山鞭，将一家草木同过此桥耶！"

到京华，重居法源寺，以卖画刻印自活。朝则握笔把刀，惟夜不安眠，百感交集。是谁使我父母妻子别离，戚友不得相见？枕上愁余，或吟诗一二首，觉忧愤（一作忧闷）之气从舌端出矣。平时题画亦然。故集中多绝句，皆非刿心铢肝而出者。（参用《诗叙》两稿本）

是年九月，纳副室胡氏，名宝珠，四川酆都人。（生于光绪二十八年壬寅八月，小于白石四十岁。）

白石《祭陈夫人文》云："吾妻不辞跋涉，万里团圆，三往三返。为吾求如妇宝珠以执箕帚。"宝珠姓胡，家在四川酆都县转斗桥胡家冲，父名以茂，为篾工。（见《三百石印斋纪事》）祭文中记陈夫人三次北来，均未记年月。

《白石诗草》中有两处提及胡姬，均称做"宝姬"。一见于诗题，谓："宝姬多病，侍奉不怠，以诗慰之。"题下自注云："宝姬自言有姊从朱姓，有弟名海生，忘其居住地名。"另一处是《题画》诗的自注，谓："宝姬为余理纸十年，余画中之巧拙，必能直指言之。"

因闻湖南有战事，还家省亲。《白石诗草》卷二有诗题云："己未，三客京华，闻湖南又有战事，将欲还家省亲，起程之时有感而作。"

民国九年（1920） 庚申

白石五十八岁。

携子如、移孙同回北京。

《白石诗草》卷四，题《老少年》诗有自注云："庚申春，余携子如、移孙就学京师，至莲花山下忽大雨，避雨旧邻家。时老少年方萌动。"

同书卷二有《避乱携眷北来》诗云："不解吞声小阿长，携家北上太仓皇。回头有泪亲还在，咬定莲花是故乡。"（自注："莲花，山名。"）

自法源寺移居宣武门内石镫庵，大概在这次回北京之后。

正月至三月之间，有花果画册，此册有题记数则，其一云：

> 老萍亲种梨树于借山，味甘如蜜，重约斤许，戊己二年避乱远窜，不独不知梨味，而且孤负梨花。

此可与上年所记"春雨梨花"的回忆参看。其一云：

> 朱雪个有此花叶，无此简少。

其一云：

> 余画梅学扬补之，由尹和伯处借钩双钩本也。友人陈师曾以为工真劳人，劝其改变。

铭按：《白石诗草》卷三，《友人重逢呈画梅》诗有句云："雪冷冰残肌骨凉，金农罗聘逊金阳。"自注云："尹和伯，名金阳，画梅空前绝后。"

熙按：尹和伯，湘潭人，清末以画梅著称于时。

白石在二十五年之后印行此册，自题诗云：

> 冷逸如雪个，游燕不值钱。此翁无肝胆，轻弃一千年！

自跋云：

> 予五十岁后之画，冷逸如雪个。避乡乱，窜于京师，识者寡。友人师曾劝其改造，信之，即一弃。今见此册，殊堪自悔，年已八十五矣。乙酉，白石。（乙酉是民国三十四年，"雪个"即八大山人。）

是年夏，直皖战起，白石携子孙自石镫庵移居东城帅府园以避兵，有《避难》诗记其事云："石镫庵里胆惶惶，帅府园间竹叶香。（自注：庚申，余携子如、移孙父子，祖孙三人避兵帅府园友人郭憨庵家，帅府园为外人保卫界也。）不有郭家同患难，乱离谁念寄萍堂。"

石镫庵的老僧好蓄鸡犬，昼夜不断啼吠，故白石在直皖战事停止之后，不再搬回石镫庵，而迁居于西城的观音寺内。又因寺内佛号钟声，睡不成寐，故又迁三道栅栏，后又迁鬼门关外。识朱悟园（羲胄）、林琴南（纾）、徐悲鸿[①]、陈散原（三立）、贺履之（良朴），皆在迁居观音寺以后。

熙按：我的《瑟僩斋日记》民八：“四月十七日五时半过法源寺晤齐濒翁及杨潜庵（昭俊，湘潭人），话乡情，览何字。”民九：“五月廿四日，夜，齐白石翁至，久话。”是时家父亦来北京也。“六月廿九日，濒翁率其子孙至（三子子如，长孙移孙也）。”“七月十四日，侍父亲及张裕恂（蔚瑜）到齐濒翁处，已迁东城矣。”时正值直皖战争，东城向称保卫界也。自是常来与家父剧谈。“八月八日，八时，随父及裕恂至帅府园六号齐濒翁处，看画及诗。”十八日，“次煌（林世焘，平乐人，甲申翰林）及濒翁来，面后余同至西城观音寺，为看房子，坐朱悟园处”。“廿四日，至观音寺听讲……（时圆瑛和尚在此讲《楞严经》）梁任公亦至。坐濒翁处，新迁来此者。”“卅一日，同遇夫（杨树达，长沙人）过观音寺问房屋，坐白石处。”又白石营居鬼门关——后改名贵人关——时，堂上悬挂王湘绮所书“寄萍堂”横额，自题诗云：“凄风吹袂异人间，久住浑忘心胆寒。马面牛头都见惯，寄萍堂外鬼门关。”

民国十年（1921） 辛酉

白石五十九岁。

---

① 徐悲鸿1919年3月赴法留学，1926年2月归国，年谱恐误。

府園間竹葉香。（自注：庚申，余攜子如移孫父子祖孫三人避兵帥府園友人郭憨庵家，帥府園為外人保衞界也。）不有郭家同患難，亂離誰念寄萍堂。」

石鐙庵的老僧好畜鷄犬，晝夜不斷嗁吠，故白石在直皖戰事停止之後，不再搬回石鐙庵，而遷居於西城的觀音寺內。又因寺內佛號鐘聲，睡不成寐，故又遷三道栅欄，後又遷鬼門關外。識朱悟園（羲冑）、林琴南（紓）、徐悲鴻、陳散原（三立）、賀履之（良樸），皆在遷居觀音寺以後。

熙按：我的懸僩齋日記民八：「四月十七日五時半過法源寺晤齊瀕翁及楊潛庵（昭儁，湘潭人），話鄉情，覽何字。」民九：「五月廿四日，夜，齊白石翁至，久話。」是時家父亦來北京也。「六月廿九日，瀕翁率其子孫至（三子子如，長孫移孫也）。」「七月十四日，侍父親及張裕恂（蔚瑜）到齊瀕翁處，已遷東城矣。」時正值直皖戰爭，東城向稱保衞界也。自是常來與家父劇談。「八月八日，八時，隨父及裕恂至帥府園六號齊瀕翁處，看畫及詩。」十八日，「次煌（林世燾，平樂人，甲申翰林）及瀕翁來，飯後余同至西城觀音寺，爲看房子，坐朱悟園處。」「廿四日，至觀音寺聽講……（時圓瑛和尙在此講楞嚴經）梁任公亦至。坐瀕翁處，新遷來此者。」「卅一日，同過夫（楊樹達，長沙人）過觀音寺問房屋，坐白石處。」又白石營居鬼門關——後改名貴人關——時，堂上懸掛王湘綺所書「寄萍堂」橫額，自題詩云：「漲風吹過異人間，久住渾忘心膽寒。馬面牛頭都見慣，寄萍堂外鬼門關。」

民國十年（一九二一）辛酉

白石五十九歲。

是年秋返湘，重陽節到家，旋返北京。白石詩草卷二有詩題云：「辛酉九日到家，二十五日得如兒京師來電，稱移孫病篤；余至長沙，又得如兒書，言病已穩；到漢口又得書，言病大減。作詩以慰如兒之周容。」（熙按：移孫次年十一月病死）。

十二月廿日，胡姬生子，名良遲。（行四，字翁子，號子長，娶獻縣紀昀裔彭年的次女。）

黃蘊園圖十六幅為葉題「仲珊使帥鈞鑒 辛酉五月布衣齊璜寫呈」。仲珊是曹錕。

《广豳风图》十六幅前叶题:“仲珊使帅钧正。辛酉五月,布衣齐璜写呈。”仲珊是曹锟。

是年秋返湘,重阳节到家,旋返北京。《白石诗草》卷二有诗题云:

> 辛酉九日到家,二十五日得如儿京师来电,称移孙病笃;余至长沙,又得如儿书,言病已稳;到汉口又得书,言病大减。作诗以慰如儿之周密。(熙按:移孙次年十一月病死。)

十二月廿日,胡姬生子,名良迟。(行四,字翁子,号子长,娶献县纪昀裔彭年的次女。)

《祭陈夫人文》说:

> 宝珠初生良迟,吾妻恐其不善育,夜则抱之慎睡,饥则送入母室乳之。

民国十一年(1922) 壬戌

白石六十岁。

还家,旋返北京。

是年四月在长沙与张正阳(即仲飏)、胡复初(即石庵)、杨重子(名钧,号白心,皙子——度——之弟,以工隶书名)、黎戬斋诸人过从。为重子刻印甚多，为戬斋画鸳鸯芙蕖绫本横幅，极精美。《白石诗草·卖画得善价复惭然纪事》诗，自注云：

陈师曾壬戌春往日本，代余卖杏花等画，每幅百金，二尺纸之山水得二百五十金。

民国十二年（1923） 癸亥

白石六十一岁。

在北京。是年陈师曾死，年四十八。白石有《师曾亡后，得其画扇，题诗哭之》：

一枝乌桕色犹鲜，尺纸能售价百千。君我有才招世忌，谁知天亦厄君年。

又有《见师曾画，题句哭之》：

哭君归去太匆忙，朋友寥寥心益伤。安得故人今日在，尊前拔剑杀齐璜！

《白石诗草》卷六，《与友人重过三道栅栏话陈师曾》诗自注云：

陈师曾七月二十四日来三道栅栏，自言二十八日之大连。闻在大连得家书，奔祖母丧，死于南京。

熙按：陈师曾是白石的诤友，也是白石作品的宣传者。（黎戬斋记白石翁云："辛亥以还，湘中多故，山寇出没，乡居不宁，翁仓皇避地，仍游燕京，不求人知。陈师曾携翁画东游，日人出数百金购之。其所作曾选入巴黎艺术展览会，而日人亦将翁之作品及艺术生活摄为影片，献映于东京艺术院，名动海外。"）

熙又按：陈师曾是这年暑天奔祖母丧到南京后得痢疾死的，夏初还在北京与白石同宴饮。我的《注符日记》民十二："六月三日，十二时到安儿胡同周印昆师（大烈）家吃饭，会了齐白石、陈师曾、杨潜庵、孙伯恒（壮）、杨遇夫、姚石遗、凌直支（文渊）等。"

是年十一月十一日胡姬生次子，名良已。（行五，字子泷，号迟迟，娶顺义温氏女。）

民国十三年（1924） 甲子

白石六十二岁。

在北京。日记云：

> 八月初七日，如儿分居于象坊桥，余与百金作移居费。……冬□月，如儿迁于南闹市口。此儿自今春以来，画名大著……

民国十四年（1925） 乙丑

白石六十三岁。

在北京。日记云：

> 正月，宾恺南先生（名玉瓒，湘潭人，癸卯解元）来寄萍堂。同客有劝余游历日本者，其言甚切，以为兼卖画，足可致富。余答以余居京华九年矣，可以过活。饥则有米，寒则有煤，无须多金反为忧患也。恺南兄以为余可学佛，谈禅最久。廿四日，余往广济寺寻恺南兄，授予□□□□□□□□□□□……并赠《净土四经》一书。
>
> 二月廿九日，余大病。……人事不知者七日夜，痛苦不堪言状。……半月之久，始能起坐。犹未死！六十三岁之火坑，即此过去耶？

是年梅兰芳从白石学画。

《白石诗草》卷二有诗题云：“庚申秋九月，梅兰芳倩家如山约余缀玉轩闲话，余知兰芳近事于画，往焉。兰芳笑求余画虫与观，余诺之，兰芳欣然磨墨理纸，观余画毕，为歌一曲相报，歌声凄清感人，明日赠之以诗。”诗云：“飞尘十丈暗燕京，缀玉轩中气独清。难得善才看作画，殷勤磨就墨三升。西风飕飕袅荒烟，正是京华秋暮天。今日相逢闻此曲，他时君是李龟年。”（黎戬斋

《记白石翁》云:“时有某巨公称觞演剧,坐中皆冠裳显贵,翁被延入坐,布衣褴褛,无与接谈者,梅畹华后至,高呼齐先生,执礼甚恭,满座为之惊讶。翁题画诗云:‘曾见先朝享太平,布衣蔬食动公卿;而今沦落长安市,幸有梅郎识姓名。’有感而发,一时传为佳话。”熙按:白石自言:“梅家植牵牛花百种,花有极大者,巨观也,从此始画此花。”后有句云:“百本牵牛花碗大,三年无梦到梅家。”)

民国十五年(1926) 丙寅

白石六十四岁。

春初回湘潭,因乡间大乱,未到家便折回北京。《白石诗草》有《余自校阅此集,至卷六,中有“紫云山上夕阳迟”句,感泣一首》,开首两句为“十载思儿日倚门,岂知百里即黄泉”,下有自注云:“丙寅还湘潭,值家园大乱,百里星塘,使我年各九十之父母不能相见,竟成长别。”

是年三月二十三日,白石之母周太君卒于湘潭,享年八十二岁。七月初五日,白石之父贯政公卒于湘潭,享年八十八岁。日记云:

三月十五日得子贞书,知吾母病重,将难治,并需汇钱济急。余心痛不乐。十六日汇百元。……至廿四日不见子贞再函,未知母亲愈否,尚有猜疑。来北京十年，十日未作画第一度。心殊不乐。兵匪共乱，铁道不通，奈何！

四月十九日得贞儿家书，知吾母前三月廿三日巳时逝世。即令人打探，火车不能通，兵匪更炽。即刻设灵位，此大痛心事，非能言尽。总之一言，不成人子至极！

七月七日得贞儿书，言吾父前六月初间得病，病系寒火症，不数日稍愈，复能进饭。忽又病，无论何食物不进。

八月初三日夜得快捷家书，未开函，知吾父必去，血泪先下。拭泪看家书，吾父七月初五日申时亦逝！……

余亲往樊樊山老人处，求为父母各书墓碑一纸，各作像赞一纸，共付润笔金一百二十余元。(《三百石印斋纪事》)

白石自作《齐璜母亲周太君身世》，其文甚朴实恳切，已引见前。此文记太君晚年生活状况云：

……年将老，纯芝方成立，以画重于中外，太君中心喜乐，精气自强，渐能下床，不治病能自愈。五十岁后，姑亦逝，第六子纯俊及长女先后夭亡，太君连年哭之，丧明，两眶见血，心神恍惚，语言无绪。……年七十，湘潭匪盗如鳞，纯芝有隔宿粮，为匪所不能容，远别父母北上，偷活京华。太君二老，年共百六，衰老不能从游。……民国十五年丙寅夏历三月之初，太君病笃，医药无功。是时正值南北大乱，道路阻绝。……延息至廿三日巳时，问曰："纯芝归否？我不能再候。不见纯芝，心虽死犹悬悬。"遂卒。……男六人，女三人，孙十四人，孙女五人，曾孙七人，曾孙女三人。

民国十六年（1927）　丁卯

白石六十五岁。

在北京。

熙按：我的《G.R. 日记》：六月十日，"下午，齐白石翁来，和他谈艺术教学法"。是时林风眠长北平艺专，请他教中国画，八月廿三日"下午五时，到齐白石家〔原注：跨车胡同十五号〕"。这就是他现在的住址了。

是年五月廿二日，胡姬生长女，名良怜。（乳名大乖，适易氏。）

事，即作畫幅一，題句以記之。」詩云：「驚聞故鄉慘，客裏倍傷神。樹影歪兼倒，人踪滅復存。西風添落葉，暮霧失前村。遠道憐兒輩，還來慰老親。」

民國十八年（一九二九）己巳

白石六十七歲。在北平。

上年白石第五弟死於匪亂。明年，他的第二弟死在家鄉。

民國十九年（一九三〇）庚午

白石六十八歲。在北平。胡適藏白石畫女子二幅，其一題「庚午八月造，白石」，其一畫紅衣女子執筆欲寫字，有詩：「曲闌干外有吟声，風過衣香細細生。舊夢有情偏記得，自稱儂是鄭康成。」「三百石印富翁題舊句。」兩幅印「草堂刻木人」三字，似是同时的画。

民國二十年（一九三一）辛未

白石六十九歲。在北平。

正月二十六日樊樊山卒於北平，年八十六。

三月十一日，胡姬生第三女，名良止。（乳名小小乖）

九月十八日夜，日本軍閥在瀋陽發動大侵略行動，是爲第二次世界大戰的開始。陰曆九月九日，重陽節，白石「與黎松盦登高于宣武門城上」，有詩紀其事，詩下自注云：「其時東北失守，張學良主義無抵抗。」

是年曾孫耕夫生。（良元次子次生之長子）

民國二十一年（一九三二）壬申

白石七十歲。在北平。

是年冬，曾一度遷居東交民巷，白石詩草卷八有絕句兩首記其事。

民國二十二年（一九三三）癸酉

白石七十一歲。在北平。

「七月七日得貞兒書，言吾父前六月初間得病，病係寒火症，不數日稍愈，復能進飯。忽又病，無論何食物不進。

「八月初三日夜得快捷家書，未開函，知吾父必去，血淚先下。拭淚看家書，吾父七月初五日申時亦逝！……

「余親往樊樊山老人處，求爲父母各書墓碑一紙，各作像贊一紙，共付潤筆金一百二十餘元。」（三百石印齋紀事）

白石自作「齊璜母親周太君身世」，其文甚樸實懇切，已引見前。此文記太君晚年生活狀況云：

……年將老，純芝方成立，以畫重於中外，太君中心喜樂，精氣自彊，漸能下床，不治病能自愈。五十歲後，姑亦逝，第六子純俊及長女先後夭亡，太君連年哭之喪明，兩眶見血，心神恍惚，語言無緒。……年七十，湘潭匪盜如鱗，純芝有隔宿糧，爲匪所不能容，遠別父母北上，偷活京華。太君二老年共百六，衰老不能從游。……民國十五年丙寅夏曆三月之初，太君病篤，醫藥無功。是時正值南北大亂，道路阻絕。……延息至廿三日巳時，問曰：『純芝歸否？我不能再候。不見純芝，心雖死猶懸懸。』遂卒。……男六人，女三人，孫十四人，孫女五人，曾孫七人，曾孫女三人。

民國十六年（一九二七）丁卯

白石六十五歲，在北京。（照按：我的G.R.日記：六月十日，「下午，齊白石翁來，和他談藝術教學法。」是時林風眠長北平藝專，請他教中國畫。八月廿三日「下午五時，到齊白石家（原注：跨車胡同十五號）。」這就是他現在的住址了）。

民國十七年（一九二八）戊辰

是年五月廿二日，胡姬生長女名良憐。（乳名大乖，適易氏。）

白石六十六歲。在北京，此後改名北平。

是年九月初一日，胡姬生第二女名良歡。（乳名大小乖。三十五年十二月十九日病死，年十九。）

是年秋，白石的長子良元來北平看他，爲述家鄉亂事。白石詩草卷七有詩題云：「戊辰秋，貞兒來京省余，述故鄉

民国十七年（1928）　戊辰

白石六十六岁。

在北京，此后改名北平。

是年九月初一日，胡姬生第二女名良欢。（乳名大小乖，三十五年十二月十九日病死，年十九。）

是年秋，白石的长子良元来北平看他，为述家乡乱事。《白石诗草》卷七有诗题云："戊辰秋，贞儿来京省余，述故乡事，即作画幅一，题句以记之。"诗云："惊闻故乡惨，客里倍伤神。树影歪兼倒，人踪灭复存。西风添落叶，暮雾失前村。远道怜儿辈，还来慰老亲。"

民国十八年（1929）　己巳

白石六十七岁。

在北平。上年白石第五弟死于匪乱。明年，他的第二弟死在家乡。

民国十九年（1930）　庚午

白石六十八岁。

在北平。胡适藏白石画女子二幅。其一题："庚午八月造，白石。"其一画红衣女子执笔欲写字，有诗："曲阑干外有吟声，风过衣香细细生。旧梦有情偏记得，自称侬是郑康成。""三百石印富翁题旧句。"两幅印章皆刻"木人"二字，似是同时的画。

民国二十年（1931） 辛未

白石六十九岁。

在北平。

正月二十六日，樊樊山卒于北平，年八十六。

三月十一日，胡姬生第三女，名良止（乳名小小乖）。

九月十八日夜，日本军阀在沈阳发动大侵略行动，是为第二次世界大战的开始。阴历九月九日，重阳节，白石“与黎松龛登高于宣武门城上”，有诗纪其事，诗下自注云：“其时东北失守，张学良主义无抵抗。”

是年曾孙耕夫生（良元次子次生之长子）。

民国二十一年（1932） 壬申

白石七十岁。

在北平。

是年冬，曾一度迁居东交民巷，《白石诗草》卷八有绝句两首记其事。

民国二十二年（1933） 癸酉

白石七十一岁。

在北平。

日记云：

十二月廿三日乃吾祖母一百二十岁诞期，是夜焚冥镪，另书纸笺焚之，言曰：“祖母齐母马太君，今一百二十岁，冥中受用，外神不得强得。今长孙年七十一矣，避匪难，居燕京，有家不能归，将至死不能扫祖母之墓，伤心哉！”

是年印行《白石诗草》八卷，有自叙，题“癸酉买镫日，时居旧京西城鬼门关外”，自叙云：“将丁巳前后之诗，付之锓木。”《诗草》有老友王训长跋，作于前一年壬申之冬。（熙按：这部《诗草》原是樊樊山选定的，所选太少，我给他多收了一些。见他的自叙中。）有《癸酉秋自记印草》，文云：

予戊辰年（民国十七年）出印书后，所刻之印为外人购去，印拓二百。此二百印，自无制书权矣。庚午、辛未（民国十九至二十）二年所刻印，每印仅拓存六分，成书六册，计十本，每本计□十□印。壬申、癸酉（民国二十一至二十二）二年，世变至极，旧京侨民皆南窜。予虽不移，窃恐市乱，有剥啄扣吾门者，不识其声，闭门拒之。故刻石甚少，只成书四本，计十册，每本□印。

以上皆七十衰翁以朱砂泥亲手拓存。四年精力，人生几何！饿殍长安，不易斗米。如能带去，各检一册，置之手侧，胜人入陵，珠宝满棺。是吾子孙，毋背斯嘱。癸酉秋八月齐璜白石山翁自记，时居城西鬼门关外。（熙按：跨车胡同亦可称“鬼门关外”。）

是年三月，日本军阀侵占热河，战事到了长城。五月以后，在塘沽协定之下，北平、天津都成了前线了。白石有戒心，是年春夏，他曾一度迁居东交民巷，借居门人纪友梅楼房，见挽纪友梅联自注。《白石诗草自叙》误记为“庚午国难”。

民国二十三年（1934） 甲戌

白石七十二岁。

在北平。是年四月二十一日，胡姬生第三子，名良年。（行六，字寿翁，号小翁子。二十七年十二月二十三日殇，年五岁。）

民国二十四年（1935） 乙亥

白石七十三岁。

回湘潭一次。

《自状略》云：“乙亥夏初，携姬人南还，扫先人墓。乌鸟私情，未供一饱。哀哀父母，欲养不存。自刻‘悔乌堂’印。”

有日记云：

阳历四月一日起行，携宝珠、柏云同归。三日半到家。年十八九之女孙及女生（甥）不相识。离家十

> 余年，屋宇未损败，并有增加。果木如故，山林益丛。子贞子如兄弟父子叔侄可谓好子孙也。只有春姊（即陈夫人，名春君）瘦得可怜。余三日即别，别时不忍相见。并有二三好友在家坐待相送，余亦不使知，出门矣。十四日还北平。(《三百石印斋纪事》)

又日记云："余今年衰败叠出，既痛右臂，又痛右腿。最可怕者头晕。"（同上）

《祭陈夫人文》云：

> 吾年七十五时，一日犬吠聒耳，吾怒逐之，行走大意，脚触铁栅栏之斜撑，身倒于地……竟成残疾。著衣纳履，宝珠能尽殷勤。得此侍奉之人，乃吾妻之恩所赐。

民国二十五年（1936） 丙子

白石七十四岁。

游四川。是年阳历四月二十七日离北平，二十九日夜从汉口搭汽船往四川。五月七日到重庆。十六日到成都。八月出川，三十一日回到汉口。九月五日回到北平。

有《过巫峡》诗：

怒涛相击作春雷，江雾连天扫不开。欲乞赤乌收拾尽，老夫原为看山来。

有《客成都留别余生》诗：

不生羽翼与身仇，相见时难别更愁。蜀道九千年八十，知君不劝再来游。

以上均据丙子《游四川日记》残页。后六年，辛巳（民国三十年，1941）十月，白石自题日记后云：

翻阅此日记簿，始愧虚走四川一回，无诗无画。……后人知翁者，翁必有不乐事，兴趣毫无，以至此。九九翁。

《白石自状略》云：

丙子春，蜀人来函，聘请游青城峨眉。入川，见山水胜于桂林。惜东坡未见也。居重庆两越月，居成都越半年。（此两句以日记考之，似有错误。）识方鹤叟（旭），晤诸门人。返京华，识张芀圃。

民国二十六年（1937）　丁丑

白石七十五岁，自改为七十七岁，在北平。

长沙舒贻上（之鎏）曾为白石算命，说："是年脱丙运交辰运，美中不足。"（就生辰八字推算流年一册，说："辰运：丁丑年三月十二日交，壬午三月十二日脱。丁丑年下半年即算辰运，辰与八字中之戌相冲，冲开富贵宝藏，小康自有可期，惟丑辰戌相刑，美中不足。"）白石在命册上批记云："十二日戌时交运大吉。……宜用'瞒天过海法'：今年七十五，可口称七十七，作为逃过七十五一关矣。"（批记又云："交运时，可先念佛三遍，然后默念'辰与酉合'若干遍。且在立夏以前，随时均宜念之也。……〔十二日戌时〕属龙属狗之小孩宜暂避，属牛羊者亦不可近。本人可佩一金器，如金戒指之类。"）

是年七月七日，日本军人在北平宛平县的卢沟桥发动全面战事。七月二十八日，北平、天津都沦陷了。

《白石自状略》云："丁丑以前，为艺术学院教授数年，艺术专科学校教授数年。"

适按：白石记此条之意，似是表示在北平沦陷以后，他就没有在学校任教授了。参看民国三十三年谱。

是年二月二十七日（阴历正月十七日），胡姬生一女，名良尾，不育。

民国二十七年（1938） 戊寅

白石七十八岁（实年七十六岁，以下照推）。在北平。

是年胡姬生第四子，名良末（行七）。日记云："阴历五月廿六日（即国历六月廿三日）寅时——钟表乃三点廿一分也——生一子，名曰良末，字纪牛，号耋根。（命册注云："牛者，丑也，纪丁丑年怀胎也。八十为耋，吾年八十，尚留此根苗也。"）此子之八个字——戊寅、戊午、丙戌、庚寅——为炎上格。若生于前清时，宰相命也。"

是年十二月十四日，孙秉声生（良迟子，行十，字隐闻）。

《三百石印斋纪事》（是一本不连续的日记）起于癸亥（民国十二年，1923），终于此年。

宣统三年，王湘绮曾命白石为长沙瞿氏作《超览楼禊集图》，当时他没有画。今年瞿氏后人请他补作此图。

民国二十九年（1940） 庚辰

白石八十岁。

在北平。

二月初得家书，知陈夫人于正月十四日死在湘潭。有《祭陈夫人文》。《白石自状略》一卷，作于此年。此卷有三个稿本，文字稍有异同，纪年也有改动处。其最后改本有结语云：

> 平生著作无多。自书《借山吟馆诗》一册，《白石诗草》八卷，《借山吟馆图》四十二图（陈师曾借观，失少十图），画册三集。尚有诗约八卷，未抄正。挽

词及题跋、记事语、书札，已集八卷，未抄正。画册可印照稿，可印百集。

在北地留连二十有三载，可惭者，雕虫小技，感天下之知名。且喜三千弟子，复叹故旧亦如晨星。忽忽年八十矣，有家不能归。派下男子六人，女子六人，男媳五人，曾孙男女合共四十余人，不相识者居多数！

璜小时性顽，王母欲骂欲笑曰："算命先生谓汝必别离故乡。"今果然矣。多男多寿，独福薄，惭然。

民国三十一年（1942） 壬午

白石八十二岁。

在北平。白石久居沦陷的北平，心绪意境往往用诗与画寄托。这时期，他有《画不卖与官家，窃恐不祥告白》一则说：

中外官长要买白石之画者，用代表人可矣，不必亲驾到门。从来官不入民家。官入民家，主人不利。谨此告知，恕不接见。

熙按： 下署"庚辰正月八十老人白石拜白"，是上年写的，大字直幅，现以赐其门役收藏，其门役是清宫一个老太监。

他有《重到陶然亭望西山》词，其下半阕云：

城郭未非鹤语，菰蒲无际烟浮，西山犹在不须愁，自有太平时候。

又有《跋苦禅画食鱼鸟》云：

此食鱼鸟也，不食五谷、鸬鹚之类。有时河涸江干，或有饿死者，渔人以肉饲其饿者，饿者不食。故旧有谚云：鸬鹚不食鸬鹚肉。

民国三十二年（1943） 癸未

白石八十三岁。

在北平。有《遇邱生石冥画会》短文：

画家不要〔以〕能诵古人姓名多为学识，不要〔以〕善道今人短处多为己长。总而言之，要我行我道，下笔要我有我法。虽不得人欢誉，亦可得人诽骂，自不凡庸。借山之门客邱生之为人与画，皆合予论，因书与之。

又有《自跋印章》云：

予之刻印，少时即刻意古人篆法，然后即追求刻字之解义，不为“摹”“作”“削”三字所害，虚掷精神。人誉之，一笑。人骂之，一笑。

是年十二月十二日，继室胡宝珠病殁，年四十二。（白石在《齐氏五修族谱》批记云："胡氏宝珠，侍余不倦，余甚感之。于民国三十年五月四日，余在京华凭戚友二十九人，立陈胡所生之子各三人之分关产业字。并诸客劝余将宝珠立为继室，二十九人皆书名盖印，见分关字便知。日后齐氏续谱，照称继室。"）

民国三十三年（1944） 甲申

白石八十四岁。

在北平。有《答北京艺术专科学校函》云：

顷接艺术专科学校通知条，言配给门头沟煤事。白石非贵校之教职员，贵校之通知误矣。先生可查明作罢论为是。（卅三年六月七日）

又有《题画蟹》云：

处处草泥乡，行到何方好！去岁见君多，今年见君少。

白石老人虽闭门不出，他已知道敌人已到日暮途穷的境界了。

是年九月，夏文珠女士来任看护。

民国三十四年(1945) 乙酉

白石八十五岁。

在北平。重见五十八岁时(民国九年，1920)所作画册，题一绝句，其原稿为：

> 前身非雪个，何以怪相侔？此老无肝胆，一掷舍千秋！

改稿为：

> 冷逸如雪个，游燕不值钱。此翁无肝胆，轻弃一千年！

记此两本，以见白石改诗的功夫。(参看民国九年谱。)

白石日记中记梦颇多，今抄他最后一次记梦的日记：

> 三十四年阳历三月十一日，阴历正月二十七日，予天明复睡，梦立于余霞峰借山馆之晒坪边，见对门小路上有抬殡欲向借山馆后走之意。殡后抬一未上盖之空棺，竟走殡之前，向我家走。予梦中思之，此我之棺，行何太急？予必难活长久。忧之而醒。

是年秋，敌人投降。十月十日，北平受降。白石有《侯且斋、白石作品展覽。

民國三十七年（一九四八）戊子

白石八十八歲。在北平。

近年常過從之弟子，婁紹懷、陳紉蘭、李苦禪、李可儼、王雪濤、盧光照、劉冰庵、王慶雯、余鍾英、羅祥止、姚石倩、姜文錦等。

（一九五七）

白石九十七歲，實九十五歲。

十月十六日，（八月）他死在北平，實不滿九十四歲，因為他生日在陰曆十一月廿二，等于陽曆十二月廿二。

胡適記

據黎若虹「齊白石先生傳略」，他死在一九五七年九月十六日。

胡適

一九六〇，二，十三

民國三十四年（一九四五）乙酉

白石八十五歲。在北平。

重見六十歲時（民國九年，一九二〇）所作畫册，題一絕句，其原稿爲：

前身非雪個，何以怪相侔？此老無肝膽，一擲捨千秋！

改稿爲：

冷逸如雪個，遊燕不值錢。此翁無肝膽，輕棄一千年！

記此兩本，以見白石改詩的功夫。（參看民國九年譜）

白石日記中記夢頗多，今鈔他最後一次記夢的日記：

三十四年陽歷三月十一日，陰歷正月二十七日，予天明復睡，夢立於餘霞峯借山館之曬坪邊，見對門小路上有抬殯欲向借山館後走之意。殯後抬一未上蓋之空棺，競走殯之前，向我家走。予夢中思之，此我之棺，行何太急？予必難活長久。憂之而醒。

是年秋，敵人投降。十月十日，北平受降。白石有「侯且齋、董秋崖、余倜視余，即留飲」詩云：

柴門常閉院生苔，多謝諸君慰此懷。高士慮危曾罵賊（此三字原稿作「緣學佛」，後改「長抱佛」），將官識字未爲非。受降旗上日無色，賀勞樽前鼓似雷。莫道長年亦多難，太平看到眼中來。

民國三十五年（一九四六）丙戌

白石八十六歲。

十月，乘航機到南京上海一遊。他在南京時，中華全國美術會舉行白石作品展覽。他在上海時，上海藝術界也舉行董秋崖、余倜视余，即留饮》诗云：

　　柴门常闭院生苔，多谢诸君慰此怀。高士虑危曾骂贼（此三字原稿作“缘学佛”，后改“长抱佛”），将官识字未为非。受降旗上日无色，贺劳樽前鼓似雷。莫道长年亦多难，太平看到眼中来。

民国三十五年（1946）　丙戌

白石八十六岁。

十月，乘航机到南京、上海一游。他在南京时，中华全国美术会举行白石作品展览。他在上海时，上海艺术界也举行白石作品展览。

民国三十七年（1948）　戊子

白石八十八岁。

在北平。

近年常过从之弟子，娄绍怀、陈纫兰、李苦禅、李可俨、王雪涛、卢光照、刘冰庵、王庆雯、余钟英、罗祥止、姚石倩、姜文锦等。

一九五七年

白石九十七岁，实九十五岁。

十月十六日，他死在北平，实不满九十四岁，因为他生在阴历十一月廿二，等于阳历12月22日。

据蔡若虹《齐白石先生传略》，他死在1957年9月16日。

胡　适

一九六〇，二，十三

邓　跋

对于艺术部门当中的绘画和印章之学，我全然不懂。然而对于一个由木工出身、一跃而为近代艺术界的巨擘，在绘画和治印方面又都别开生面，有其特殊造诣的白石老人，他的艰苦的出身，和他由学习历练以至巍然自成一家的种种经过，我却是一向就感着极大的兴趣，而且怀着极高的敬意的。又因为我在近十年内，连续写成了几本古代人的传记，对于传记文学我也有极浓厚的兴致，很想进而就近代或现代的重要人物当中，选定几人作为我写作传记的对象，例如胡适之先生和白石老人便全是我的目标人物之一。

三十五年夏，适之先生由美返国，我也从四川复员来平，不久我便听说适之先生有试作齐白石先生年谱的计划，又听说白石老人亲自把手边积存的传记材料送交适之先生参考。三十六年的夏天，适之先生利用了那些材料，编成一本简单的年谱，题作《齐白石自述编年》。三十七年六月，适之先生将稿本送交黎劭西先生，请他再作一番订补充实的工作。黎先生补充完了之后，适之先生又把稿本交与我看，希望我对这本传记能提供一点意见或材料。我翻读适之先生的序文，在其所列白石老人交来的资料当中，只见有《白石诗草自叙》，不见有《白石诗草》之名，后经询问，才知道因为白石老人手边已无此书，而且也没有记起曾经印过这本书，所以在送资料给适之先生时把这书漏掉了。

在《白石诗草》当中，凡可以作传记材料的，我都已摘出补入这本年谱中了。此外应作的工作，便是向白石朋辈的著作中去搜辑一些有关白石生平的资料了。于是我借来了王闿运的《湘绮楼日记》和《湘绮楼全集》，姚华的《弗堂类稿》，罗正钧的《劬庵文稿》，瞿鸿禨的《诗选遗墨》，易顺鼎的《琴志楼丛书》，陈师曾、罗瘿公和八指头陀等人的遗诗。我遍加翻阅，结果却只有在《湘绮楼日记》中检获了有关于白石老人的三数事，在其余若干种内，偶尔有涉及白石之处，也只是一两首题画诗之类，与白石的生平无关，所以一概没有采用。此外，我所想到的还有樊樊山的诗文。自从光绪三十年樊山、白石识面以后，两人便极相投契，因而在这年之后的樊山的诗文中，必有不少与白石相关涉的。可惜现今有印本流传的全是樊山中年以前的作品，他的晚期作品全未辑印，所以，我虽多方访求，终竟毫无所得。

白石老人的朋友和门生，现时住在北平的也还不少，如陈半丁、徐悲鸿、王雪涛诸人，也应当去向他们采访一些白石的事迹，无奈现时的北平，出门访人也大非易事，这事只有期待于将来了。

有关于白石老人的个性和好尚等等的材料，在《白石诗草》中也还可以钩稽一些出来，惟因无法划定其年代和时限，所以不能编入年谱正文之中，今一并抄录于后，就作为本文和本书的一个结尾吧。

余十年以来，喜观宋人诗，爱其轻朗闲淡，性所近也。然作诗不多，断句残联，约三百余句。丙辰秋为人窃去，因悼之以诗。（卷一，《悼诗》自序）

余生平多病，皆由感受东风之故。每值百草萌动时，头颇作痛。今浅草竟萌，余病益苦。休问旧时宾客，先此聊告诸君。（卷一，《东风寄京师诸友》诗自序）

绝后空前释阿长，一生得力隐清湘。胸中山水奇天下，删去临摹手一双。（卷二，《题大涤子画》）

余性嗜蔬笋，席上有蔬菜，其味有所喜者，虽鸡鱼不下箸矣。（卷三，《饱菜》诗自题）

下笔谁教泣鬼神，二千余载只斯僧。焚香愿下师生拜，昨夜挥毫梦见君。（卷三，《题大涤子画像》诗）

青鬓乌丝未唤翁，年年佳日喜秋风。自注：余不乐过春日。（卷四，《看菊，怀沁园师故宅》）

吾画不为宗派拘束，无心沽名，自娱而已。人欲

骂之，我未听也。（卷四，《诗题》）

长恨清湘不见余，是仙是怪是神狐。有时亦作皮毛客，无奈同侪不肯呼。（卷四，《释瑞光临大涤子山水画幅求题》）

山外楼台云外峰，匠家千古此雷同。卌年删尽雷同法，赢得同侪骂此翁。（卷五，《画山水题句》）

余平生工致画未足畅机，不愿再为，作诗以告知老：从今不作簪花笑，跨誉秋来过耳风。一点不教心痛快，九泉羞煞老萍翁。（卷六）

题某生印存（自注：古今人于刻石只能蚀削，无知刻者。余故题此印存，以告世之来者。）：做摹蚀削可愁人，与世相违我辈能。快剑断蛟成死物，昆刀截玉露泥痕。（自注：世间事贵痛快，何况篆刻风雅事也。）维阳伪造与人殊，鼓鼎盘壶印玺俱。笑杀冶工三万辈，汉秦以下士人愚。（自注：维阳铸工笑中外收藏秦汉铸印者太愚。）（卷七）

皮毛袭取即工夫，习气文人未易除。不用人间偷窃法，大江南北只今无。（卷七，《梦大涤子》）

天津美术馆来函征诗文，略以古今可师不可师者以示来者：轻描淡写倚门儿，工匠天然胜画师。昔者倘存吾欲杀，是谁曾画武梁祠。（自注：武梁祠画像古拙绝伦，后人愈出愈纤巧。）迈古超时具别肠，诗书兼擅妙诸王。逋亡乱世成三绝，千古无惭一阿长。青藤雪个远凡胎，老缶衰年别有才。我欲九原为走狗，三家门下转轮来。（自注：郑板桥有印文曰“徐青藤门下走狗郑燮”。）（卷八）

自嘲（自注：吴缶庐尝与吾之友人语曰：“小技人拾者则易，创造者则难。欲自立成家，至少苦辛半世，拾者至多半年可得皮毛也。”）：造物经营太苦辛，被人拾去不须论。一笑长安能事辈，不为私淑即门生。（自注：旧京篆刻得时名者，非吾门生即吾私淑，不学吾者不成技。）（卷八）

答徐悲鸿并题画寄江南：少年为写山水照，自娱岂欲世人称。我法何辞万口骂，江南倾胆独徐君。谓我心手出异怪，鬼神使之非人能。最怜一口反万众，使我衰颜满汗淋。

雕虫岂易世都知，百载公论自有期。我到九原无愧色，诗名未播画名低。（卷八）

民国三十八年一月十二日广铭写于北平东厂胡同一号

谭伯羽致胡适信

适之先生尊右：日前陈之迈兄转到惠寄《齐白石年谱》一册，至为感谢。白石老人为摹先祖文勤公貂褂象，时为庚戌，住荷花池舍间甚久，羽兄弟皆径以“齐木匠”呼之，并从之刻图章。是年八月中秋后一日，先四叔祖庚去世（非如谱中所载乙酉），所绘像系着铁线纱褂，罩平金蟒袍也。匆匆先复，不尽欲陈万一。即颂撰安。谭伯羽上，六、十五。

適之先生尊右：日前陳之邁兄轉到
惠寄齋白石年譜一冊，至為感荷。白石
老人為[篆] 先祖文勤公家祠象時，於庚戌住
寓荷花池舍，同去久羽兄弟皆逕以齋木匠呼之，
畀逞之刻圖章。是年八月中秋後一日，先
四姊祖庚去世（非如譜中所載己酉）。所繪
像係着錢綫紋褂罩平金繡袍也。恐先度
不盡欲陳萬一，即頌
撰安
譚伯羽上 六、十五

伯羽用箋

关于《齐白石年谱》的编写及其它

邓广铭

一

我是一个缺乏艺术才能的人，连毛笔字都一直练不好，自然更谈不到绘画、雕刻等事了。然而对于能写一笔好写、能画几笔好画的人，对于其字、其画、其人，我却都非常欣赏，而且怀有极大的敬意。

我在三十年代之初来北平读书，从好几位师友的口中，经常听到有关齐白石的一些故事，在我的脑子里，对齐白石这位大画家已经印下了深刻的印象。

抗日战争期间，我到了昆明，和陈寅恪先生住在一幢楼里，在一个桌上用餐。寅恪先生的令兄陈衡恪（字师曾）则是齐白石的一位交谊至深的画友。陈师曾虽在二十年代已经去世，但陈寅恪先生却通过他而得知齐白石成名成家的许多经历。因此，他常常在饭桌上谈到白石翁其人其事。例如说，白石翁青少年期间作木工时，得到了一部《芥子园画谱》，他竟把这部画谱全部刻在他的木工活上。寅恪先生说，有了这样的基本功，他的绘画自然可以随心所欲，工笔写意无施不宜了。这就更加深了我对白石翁的仰慕之忱。然而直到抗日战争胜利之时，我一直还不曾与白石翁见过面。

齐白石有一个叫杨秀珍的女弟子，是我前妻窦珍茹的中学同学。我妻带着两个孩子到重庆去找我，杨秀珍转托她从四川为齐白石买一些保健药品，例如冬虫夏草之类。抗日战争胜利后，我于1946年5月先由重庆复旦大学飞回北平，到北大任教，行前便从四川买了冬虫夏草，来平后即亲自送去白石翁家，从而第一次得与他见面。白石翁是一个洁身自好，一介不以与人，也一介不以取于人的人。他要把药费付我，我没有接受，并表示希望他能为我画一幅画，刻画颗图章。当时他屋里正挂了为别人新画成的雄鸡小鸡相偕在鸡冠花旁的画幅，雄鸡姿态英健，小鸡五只，各自觅食，亦生动可爱。我便请他照样重画一幅。他约我几天后去取，届时我便去他家连同图章一并取来。

二

1946年8月，胡适由美回国任北京大学校长。他与齐白石那时似还并不相识。然而因他名气大，齐白石很向往胡能为他写一篇传记，以传名后世。当时白石翁的护士名叫夏文珠，她和胡适一位族弟的夫人是好友，便作了牵线人，通过胡的族弟把齐的意图告诉了胡，随后又一齐陪同齐白石到东厂胡同胡的寓所访问了胡适。因为作传的事已经得到胡的允诺，所以这次齐去访胡，便带去了他平素述写的有关自身的一些传记资料，并带去了几幅他平时最得意的画，我记得似有一幅《陶渊明行吟图》，确属精品。他们这次的会面我不在场。其后不久，齐白石在西长安街路北一家饭店请客，主客是胡适，同时被邀请的有胡的族弟，有陈半丁，有别有怀抱而拜齐白石为师的姜文锦，我也是“敬陪末座”的一人。这次宴会是为了把写传的事进一步确定下来。我记得，当送上一盘红烧肉时，白石翁便说道，他最不喜欢吃用白糖烧过的红烧肉。饭后，我与陈半丁一同搭乘胡适的汽车回家，陈在途中对白石翁的绘画颇多挑剔之词，对于白石翁的印章，则说其所刻颇多破体。听了他的话，我立即产生了一个感觉：此公的风格似乎不高。

胡适在那时是个忙人。因此，尽管任务已经应承下来，而且礼物已经收下，酒席也已经吃过，而齐白石的传记他却迟迟未能动笔。直到 1947 年，他才把齐白石送交给他的那一批传记资料翻阅了一遍，写出了初稿，定名为《白石自述编年》。在编写这部初稿的过程当中，胡适觉察到，白石翁自写的那些传记资料，相互间有抵牾不合因而须加考订之处。而其中最主要的一事，就是艾青同志所发表的《忆白石老人》的文章中所谈及的，齐白石因相信算命先生说他七十五岁那年将会“美中不足”的话，便使用了“瞒天过海”的办法，把年龄从七十四岁跳过了七十五、六两年，直接到达七十七岁了。胡适对此事虽进行了一番调查，却终于未能得到明确答案，后来是又请黎锦熙相助查访，才知是齐白石本人所玩弄的一个花招。胡适对得到这一答案非常高兴，说白石老人的戏法虽能够“瞒天”，却瞒不过历史考证方法。所以就在《齐白石年谱》的序文中对此事做了详细的叙述。

黎锦熙与齐白石同为湘潭人。齐白石三十岁后，曾有一段时间在黎锦熙家作木工，兼为他家绘画祖宗影像。那时黎锦熙刚上学受启蒙教育，每天上学和下学，全都是由齐白石接送。齐白石与黎锦熙的父亲黎松庵是作诗和刻印的朋友，白石年长于黎松庵八岁，长于黎锦熙二十八岁。他们真可算是世交。黎锦熙自“五四”前即来北京定居，齐白石则在1917—1919诸年内，有时住北京，有时又返湘潭家中。及1920年，白石年五十八岁，才在北京定居下来。从此两人的来往又较频繁。所以，知道齐白石的生平和湘潭境内齐白石交游诸人情况的，当然非黎锦熙莫属了。胡适在写定初稿之后，便把它转交黎锦熙，要他帮助解决其中的疑问，补充其中的不足。当时黎住西城辟才胡同，与齐白石所住的跨车胡同相去甚近，黎便经常到齐家去问长问短。有时还请齐的子女帮同解答，终于使“瞒天过海”一类的问题得到了明确解决。而黎锦熙自1903年在湘潭家中时即开始写日记，以后一直不曾间断，从中又正可找到有关齐白石的大量资料。可是，黎锦熙是一个推行国语注音字母运动的积极分子，为了以身作则，从1922年起，他的日记便改用注音符号书写，到1927年又改用译音符号的国语新字书写，不论注音符号或译音符号，人名地名既不似外国字之有“大写”，也不及汉字中人名地名之醒目易于发见，这就使得他本人也都懒得再去寻行数字地去仔细查找有关齐白石的资料了。然而，即使如此，黎锦熙也为这本年谱增加了很多内容，较胡的初稿几乎增加了一倍的样子。

三

在把《白石自述编年》初稿交由黎锦熙增补期内，我也有时与黎相晤，听他叙述齐白石的一些往事，或者述说他所遭遇到的一些困难。到黎已增补过后，我看到他和胡适全都不曾查看过与齐白石过从较多的他的师友们的诗文笔记之类的东西，遂向胡提出，他要我放手去搜集，去补充。我便找了王闿运的《湘绮楼日记》、姚茫父的《弗堂类稿》等书来一一翻阅，实际所得并不很多。我也间或到白石翁家中去调查访问，但他却要我先提供一点线索供他思考，否则便无从谈起。而对我来说，这却又成了一大难题。我对他的生平和交游，不但不似黎锦熙所知那样多，甚至简直是一无所知，因而提不出任何线索。有一次他向我谈及他1917年来北京住郭葆荪家时，当时樊樊山等人与政府中人来往颇多，他们在官场中的一些纠葛，有时也不免把白石老人裹在里面。他指名道姓地举述一些事例，但他不许我记录，说这些事，不能写进《年谱》中去。现在事隔几十年，我已完全记不起他所说的那些事了。又有一次他向我提到清末民初以及更后的一些画家，他说当时在上海的有任阜长、李梅厂、吴昌硕、赵之谦等人，这都得算是他的前一辈人物，另有陈师曾、王梦白、陈半丁、姚茫父等人，则是他的同辈，而王雪涛等则是他的晚辈了。另有张坚白一人，则是他旅游两广时的居停主人之一。他还顺手写了这些人的名字。

齐白石的成名，当然因为他是一个天才的艺术家之故，但与当时一些名人和高官对他特加赏识，都竭力为他扬名邀誉，也大有关系。但他本人，却是“平生以见贵人为苦事”的。他之所以不许我把他和某些官宦人物的过从写入《年谱》，正说明他不是以与他们相来往为荣，而是以为那是些并不光彩的事。《年谱》于光绪二十九年（1903）记他自西安来北京时的一段《自记》说：“春三月，〔夏〕午诒请尽画师职（按：上年冬，白石翁应夏午诒之聘，至西安教夏的姬人姚无双绘事），同上京师。〔樊〕樊山曰：‘吾五月相继至〔京师〕。〔慈禧〕太后爱画，吾当荐君。’”但到了五月初间，他听说樊樊山已由西安起程赴京，便坚决把“画师之职”辞掉，以免樊到京后果真把他推荐于西太后，而南返家乡去了。这与上述一事也正可互相印证。

徐悲鸿先生与白石翁交谊极深，他为白石画的像就悬挂在白石的画室中。我曾在访问白石翁时与他相遇。在订补《年谱》时，也曾想去访问他与王雪涛等人，但当时解放军正在包围北平城而迫使傅作义起义，城中秩序很乱，结果便全未去找。

当我和我的前妻、长女把《年谱》订补、清抄完毕之时，胡适已从北京逃往南京。所以他在《序文》中交代说：在1949年的开始，“恭三夫妇和他们的大女儿可因分工合作，抄成这一部《白石年谱》的定本，辽远的寄给我”。他在收到这份书稿，改写了他的序文，并向顾一樵和汪亚尘的夫人收集了几幅白石翁的画后，即交上海商务印书馆去排印。并与之约定，著作人只要印本一百册，不要稿费。商务很快就把书印好，胡适就近拿去五十册，由北平的商务分馆送交五十本与我。我与黎锦熙各留五册，另外四十册我便都送与白石翁了。

四

新中国建立后，直到白石翁逝世之时，我进城去看望他的次数极为有限。因此，李锐同志在纪念齐的文章中虽提议我把白石翁最后几年的生活情况等等补入《年谱》之中，事实上却决非我的能力之所能及。但这一提议却也给予我以启发：我想，最好能有人把近几月来见于全国各报刊的纪念齐白石一百二十岁诞辰的文章，以及前若干年各报刊所刊出的有关白石翁的文章（抗日战争期内熊佛西即曾在后方的杂志上发表过忆念白石老人的文章），连同这本《年谱》，定名为《齐白石的生平及其为人》，一齐辑印出来，使与《齐白石美术选集》一同行世，倒也是一桩极有价值的工作。

胡适在1948年12月15日仓皇离开北平，他的文稿书物全未带走，后来即由北京大学图书馆派人去点收，其书籍现已编目上架，供北大师生阅览，其日记及书信等，似已在1954年开展批判胡适的资产阶级唯心主义思想时被有关机关提起，中华书局近年出版的《胡适来往书信集》即是从那批资料中选取编印的。齐白石交与胡适的那批自传资料，当然不可能被胡适带走，据我猜想，这批东西可能现时还保存在北大图书馆中。若能找到，把它们一并收辑到上述那本《齐白石的生平及其为人》当中，也同样是一桩很有意义的事。

在《齐白石年谱》中也还有需要补充和改正的几处：

1. 胡适在序文中叙说他察觉到齐白石所自述的年岁前后不相符合之后，“只好托人去婉转探问他结婚时是和陈夫人同岁，还是比陈夫人小两岁”。这里的“小两岁”，应是“大两岁”之误，应改正。

2. 齐白石生于同治二年癸亥十一月二十二日。同治二年是公元1863年，但这年的十一月二十二日却恰恰是公元1864年的1月1日。因此，齐白石的诞辰，不应说在1863年，而应确定为1864年的元旦。

3. 齐白石的长女菊如，是光绪九年（1883年）九月生的，是他的原配陈夫人所生的第一个孩子。当时他们夫妻同为二十一岁。但到陈夫人于1940年逝世后，白石翁在《祭陈夫人文》中却有一段说道：在她“二十岁时（按即1882年）长女菊如在孕，一日无柴为炊，〔吾妻〕手把厨刀，……自砍松枝。时孕将产生，身重，难于上山，兼以两手行”。这当然是“因为老年人记忆旧事，总不免有小错误”而致然的。试想，1883年农历九月才降生的孩子，怎能在上一年就“孕将产生，身重难于上山”了呢？是则这段文字必须移至其长女菊如诞生的那年才行。但说来也很可笑，这两段文字，经胡适从《祭陈夫人文》中引录了来，又经黎锦熙和我再三阅读过，还经我前妻与我长女清抄核对过，竟无一人发现其有背常理。是在出版之后，我送了一册给友人王重民，他指出此条向我质询，这才知道分系于两年是安排错了。

4. 艾青同志的《忆白石老人》一文中，谈到白石老人又恳托他为他写传记的事，有人认为，这是因白石翁不满于《年谱》中揭穿了“瞒天过海”事件之故。但我则怀疑，这或许是因为《年谱》中载入了王闿运《日记》中说白石“文尚成章，诗则似薛蟠体”这一刻薄评语之故。齐白石拜王闿运为师，终身敬礼不衰，直到齐白石逝世前，其画室中仍悬挂着王闿运为他写的“寄萍堂”横幅。《年谱》于这条引文后，虽已由胡适加了按语，指明“此话颇近于刻薄”，但现在看来，似乎还应该附加几句，说明在王闿运后来的诗文中，再也不见对齐白石作这类不尊重的语言了。

1984年4月写于北京大学

试续编《齐白石年谱》

——为白石老人诞生一百二十周年纪念而作

关国煊

引 言

胡适（适之）、黎锦熙（劭西）、邓广铭（恭三）合编的《齐白石年谱》出版于民国三十八年（一九四九）三月（上海商务印书馆版，一九六六年台北文星书店编印《胡适选集》将之收入“年谱”分册，一九七〇年转让传记文学社发行，一九七三年中研院胡适纪念馆又以《齐白石先生年谱》书名重印），年谱止于三十七年（一九四八）戊子，谱主时年八十八岁（实为八十六岁）。胡适《齐白石年谱序》云：“白石老人因为相信长沙舒贻上（之鎏）替他算的命，怕七十五岁有大灾难，自己用‘瞒天过海法’，把七十五岁改为七十七岁！”作假画的人，不明就里，伪做出“时年七十五”、“时年七十六”的假画来，凑成“全套”，可谓“作伪心劳日拙”。又，胡适等编《齐白石年谱》以谱主生于“清同治二年（一八六三）癸亥十一月二十二日”（阴历），西历应为一八六四年一月一日。

一般记载据《齐白石年谱》以齐白石生于一八六三年，实误。

首正其误者为朱省斋，一九六四年三月十七日撰《齐白石百岁纪念杂谈》一文，内云："根据最准确的计算，同治二年癸亥十一月二十二日，实即是公元一八六四年一月一日，所以，齐氏的真正百岁诞辰纪念，乃是今年（一九六四）一月一日呢！"同年十月，渺之著《白石老人逸话》亦指出齐白石生于一八六四年一月一日；一九七〇年二月一日，王方宇复有《齐白石的生年订正》之作。

有关齐白石的出生日期，尚有数种不确的记述：（1）日本霞关会《现代中国人名辞典》作生于一八六〇年；（2）陆丹林主编的一九四七年《中国美术年鉴》（翻印本改题作"中国现代艺术家像传"，一九七八年十月，香港波文书局版），径以是年齐白石年八十七岁，上溯生年，作生于一八六一年，荣宝斋《齐白石画集》的《画家齐白石小传》亦作生于一八六一年；（3）一九六七年，美国哥伦比亚大学出版 Howard Boorman 主编的《*Biographical Dictionary of Republican China*》（中国人名大辞典）第一册"齐白石"条，以齐白石生于一八六三年十一月二十二日，误将农历作为西历。

《齐白石年谱》书内附插图十二幅，其中一幅为罗寄梅摄的《白石老人造像》与顾一樵所藏之白石画《五蟹》与《墨虾》两幅，其余均为汪亚尘所藏之白石画九幅。（一九六三年九月一日，朱省斋撰《齐白石作品在日本》一文，文中提到《齐白石年谱》后附有汪亚尘氏所收藏的齐氏精品十余幅。编者案：计为《送子从师图》《不倒翁》《老当益壮》《稻头螳螂》《老少年》《牵牛花》《莲盘残荷》《古瓶白玉兰》《四蛙》等九幅，朱文作“十余幅”，误；《胡适选集》年谱删去插图，仅存其目。）汪氏所藏后已统归庞耐氏所有了。庞耐女士（Miss Alice Boney），美国人，专研东方艺术，认为白石老人具创作天才，乃一伟大艺术家。其后《不倒翁》一幅，再归王方宇珍藏。胡适等编《齐白石年谱》于谱主八十八岁以后的事，为时所限，盖付阙如也，不无遗憾；虽然日人杉村勇过的《齐白石年表》编至谱主逝世之日止，但甚为简略（八十九岁以后，所记不足二百字，全文载香港《明报》月刊第五十五期第九十六至九十七页，一九七〇年九月出版）。兹笔者不揣浅陋，谨试就所知与所获资料，续编老人年谱，以纪念一九八四年一月一日白石老人诞生一百二十周年。

《齐白石年谱》续编

一九四九年　己丑

白石八十九岁（即八十七岁，以下照推）。在北京。

一月三十一日，解放军开入北平，走到街上夹道欢迎中国人民解放军。

六月一日，柳亚子（弃疾，1887—1958）赋《赠齐白石老人》（六月一日初谒白石老人齐璜于跨车胡同，赋呈一首，时老人年八十有九矣），诗云：“缶庐不作茫父逝（引案：名画家吴昌硕〔1844—1927〕别署缶庐，姚华〔1876—1930〕字茫父），鲁殿灵光白石翁。伏胜经传能溉汉，傅岩版筑早成功。新邦创造尊耆宿，旧国文明进大同。二十六龄能长我，抠衣长愿坐春风。”（载《柳亚子诗词选》页一八三，1959年12月，人民文学出版社版），是年柳亚子年六十三，“二十六龄能长我”之句，本此。

夏，任出席中华全国文学艺术工作者代表大会（简称“文代会”，筹委会由郭沫若任主任，茅盾、周扬任副主任，沙可夫任秘书长）代表，隶平津代表第二团，正、副团长曹靖华、冯至，大会代表共八百二十四人。

七月二日，文代会在北平怀仁堂开幕，大会组成由九十九人组成的主席团，入选为大会主席团（总主席郭沫若），实际出席代表六百五十人；十九日，大会举行闭幕式，由郭沫若作结束报告，宣布中华全国文学艺术界联合会（简称“文联”）正式成立，通过章程，当选为文联全国委员会委员；二十一日，中华全国美术工作者协会（简称“美协”）在北平中山公园正式成立，任美协全国委员会委员（主席徐悲鸿，副主席江丰、叶浅予）；二十三日，文联全国委员会在北京饭店举行第一次会议，由茅盾（沈雁冰）任主席，结果选出郭沫若为文联主席，副主席茅盾、周扬，又通过全国文学、音乐、舞蹈、美术、戏剧、电影等协会及戏剧改革协会、曲艺改进会等为文联会员。

九月二十七日，中国人民政治协商会议通过《中华人民共和国中央人民政府组织法》，国都定于北平，自即日起，恢复旧名“北京”。

十月一日，中华人民共和国中央人民政府成立于北京。

一九五〇年　庚寅

白石九十岁（即八十八岁）。在北京。

四月一日，中央美术学院（院长徐悲鸿，前身为华北大学第三部及北京艺专）成立于北京，应聘为名誉教授，其后任中央文史馆馆员、中国画研究会主席。

是年，镌“年九十”白文印一方。

一九五一年　辛卯

白石九十一岁（即八十九岁）。在北京。

叶浅予绘《齐白石像》（见翌年出版的《齐白石画集》）。同年为龄文女弟画《不倒翁》，于其上题七绝一首，诗云：“乌纱白扇俨然官，不倒原来泥半团；将汝忽然来打破，通身何处有心肝？”书八尺宣纸大中堂“已卜余年见太平”。又三题旧作《搔背图》云：“予年九十一矣，又归麟庐（引案，弟子许麟庐）弟，是许姓好子孙，不得付与他人。”并对许麟庐说：“这幅画你好好保存啊，不得给别人哪！这幅《搔背图》上拥下来的衣纹，我现在也画不来啊！”案：《搔背图》作于十七年戊辰，时年六十六，第一次题云：“朱雪个（引案：朱耷，字雪个，号个山，后号八大山人）

画有小册，中有搔背者，仿奉简庐（引案：即凌直支）戊辰夏，齐璜。”第二次题于一九四五年，时年八十五，题曰：“此幅乃予前十八年作也，今归峰南（引案：即罗峰南。）仁弟，予又得见……白石老人八十五矣。”

一九五二年　壬辰

白石九十二岁（即九十岁）。在北京。

五月，北京荣宝斋印行《齐白石画集》，木刻水印，共二十二页，全书为去年所画。

七月四日，在吴宅收著名评剧演员新凤霞（原名杨淑敏，小名小凤，二十五岁，一九五〇年任中国人民解放军总政文工团〔简称“总政”〕评剧团副团长，同年与戏剧家兼导演吴祖光结婚）为干女儿；五日，吴祖光、新凤霞至西城跨车胡同齐家，齐白石题“祖光、凤霞儿女同宝，壬辰七月五日拜见，九十二岁老亲题记”于所作《秋叶红蝉图》之上（见《新凤霞回忆录》插图），作为见面礼；数日后，付吴祖光一张宣纸信笺，上书：“桐花十里丹山凤，雏凤清于老凤声；名为新凤霞字为桐山，九十二岁白石老人。”新凤霞公余随干爹习画（“文革”期间被迫害致残，著有《新凤霞回忆录》《艺术生涯》，香港三联书店版）。

秋，亚洲及太平洋区域和平会议定于十月二日至十三日在北京举行（参加会议的有三十七个国家，三百七十八代表、列席代

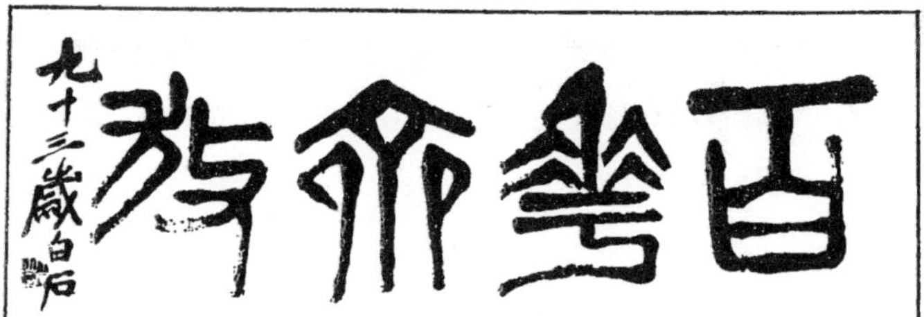

一九五二年叶浅予所绘《齐白石作画图》(上)；齐白石九十三岁所书“百花齐放”四字(下)。

表出席，由宋庆龄致开幕词），奉命绘一巨幅《百花与和平鸽》作宣传之用（于非闇绘一大幅绢面《牡丹与和平鸽》）。

十月五日，毛泽东主席函谢赠画，函云："白石先生：承赠《普天同庆》绘画一轴，业已收到，甚为感谢！并向共同创作者徐石雪、于非闇、汪慎生、胡佩衡、溥毅斋、溥雪斋、关松房诸先生致谢意。毛泽东。一九五二年十月五日。"（载中共中央文献研究室、中央档案馆《毛泽东书信手迹选》，一九八三年十二月文物出版社版。）

是年，书赠老舍行书扇面，上书："千朵浓芳倚树斜，一枝枝缀乱红霞；凭君莫厌临风看，占断春光是此华。时在一九五二年，老舍仁弟拂暑，白石。"叶浅予绘《齐白石在写画》速写一幅（见前页上图）；同年北京城区坟墓奉命一律肃清，门人张次溪（齐白石七十一岁时，曾央吴江金松岑为其作传，因自述生平，由张次溪录寄金氏，即今齐璜口述、张次溪笔录的《白石老人自述》一书）以叶恭绰（遐庵）旧有别墅在翠微山麓四平台，其旁为其自置之茔地，因颜其址曰"幻住园"，乃商之叶氏，将其父（张篁溪；一九三一年夏，齐白石曾应张篁溪之邀，至张园逭暑，以"借山居"颜其所居之室，并将张园景色摹入《借山图》之内，事见张次溪《谈齐白石〈借山图〉》）、其母遗榇迁葬园中，同时将诗人曾习经（刚父，1867—1926，著有《蛰庵诗存》，编有《曾氏湖楼书目》）遗榇代为运往，事为齐白石所闻，以陶然亭生圹，亦在拆迁之列，特浼张次溪向叶关说，身后亦欲假“幻住园”一席地埋骨其中，并绘《幻住园图》以寄意，既得叶允可，白石喜而函谢，叶报以四诗，诗云：

人生有分共青山，卖画痴呆只是顽；
幻住那如无住好？胜添话靶落人间。

青山好处即菟裘，归骨何须定首丘？
漫与蜉蝣争旦暮，艺灯明处照千秋。

人表从何位此翁，屠龙刻鹄两无功；
藤阴醉卧无南北，更费先生酒一盅。

高坟麒麟计本迂，况兼梓泽易丘墟；
结邻有约何须买，试写秋坟雅集图。

一九五三年　癸巳

白石九十三岁（即九十一岁）。在北京。

一月七日（农历壬辰年十一月二十二日）中午，美协、中央美术学院联合举行齐白石九十三岁（实际年龄九十岁）庆祝会，文化部副部长兼文联副主席周扬代表中央人民政府文化部（部长沈雁冰）授予齐白石荣誉奖状一纸及“人民艺术家”称号，在颂词中指出：“白石老人是人民的艺术家。从他的出身，从他数十年艺术创作生活中看，他是属于人民的。他来自劳动人民，和人民血肉相连。他接近了和吸收了民间艺术的优秀的东西。正因为他是从人民来的，他的艺术创作和主张是现实主义的。他继承了和发扬了民族艺术的好的传统。他主张形神兼备，就是说，把现实和理想结合起来，他忠于事物的真实，也忠于事物的理想；他忠于事物的细节，也忠于事物的精神。这是艺术的最高的表现手法。”周扬在会上发言，说：“齐白石先生是中国人民卓越的艺术家，他在中国美术创造上有特异的贡献。他的艺术继承了中国绘画的现实主义传统，发挥了‘形神兼备’的特色。由于他出身劳动者，他的作品多取材于一般劳动人民日常生活相接近的自然景物，具有健康、朴素的色彩。”周扬还提出要重视和整理中国美术遗产，发扬优良传统；出席庆祝会的有二百多人，李济深、徐悲鸿、老舍、田汉、叶恭绰等先后在会上讲话，庆祝会上展出齐白石精品四十多幅；晚，举行盛大庆祝宴会，政务院总理周恩来亲临祝贺。八日，王朝闻在人民日报发表《杰出的画家齐白石》一文。

九月十六日，美协主办之第一届全国国画展览会在北京北海公园开幕，至十月十一日闭幕，参加展出的有二十三个省、市送出的展品二百四十余件，其中包括齐白石、陈半丁、于非闇等的花鸟，徐悲鸿、叶浅予、关山月、蒋兆和等的人物，黄宾虹等的山水。二十三日，第二次文代会在北京怀仁堂开幕，任出席代表，出席大会的正式代表五百八十人，列席代表一百八十九人，会议通过文联定名为“中国文学艺术界联合会”，并改组美协，中华全国美术工作者协会改名为“中国美术家协会”，仍简称美协。二十六日，美协主席徐悲鸿病逝北京，年五十九岁（1895—1953）。

十月六日，第二次文化会闭幕，会议期间，选出郭沫若为文联主席（副主席茅盾、周扬）；齐白石连任文联三届全国委员会委员，又当选为美协主席（副主席江丰、刘开渠、叶浅予、吴作人、蔡若虹）。

是年，作大小画六百余幅，以所作牡丹、和平鸽、荔枝鸽子等歌颂新中国成立后之和平幸福生活，在巨幅《松鹤旭日图》画上题“毛主席万岁”。

一九五四年　甲午

白石九十四岁（即九十二岁）。在北京。

四月二十八日，在北京举行齐白石绘画展览会，展出光绪二十六年（三十八岁）以来作品一百二十多幅。

五月，任对外文化协会理事。

八月，任出席第一届全国人民代表大会（简称“人大”）湖南省代表。

同月，胡适跋齐白石一九二五年（六十三岁）九月所画之《不

齐白石七十三岁所绘《散原先生像》(按齐白石六十岁以后谢绝作工笔肖像。此图乃应亡友陈师曾夫人之请，破例为之。缘散原先生〔陈三立〕乃陈师曾之父。图成，散原老人极为赞赏。现此图由师曾子封雄藏)。

倒翁》云："这幅《不倒翁》是白石老人最有风趣的小品，我曾借印入《白石年谱》，王方宇先生与我有同好，出力求得原本，他要我题短跋作个纪念。一九五四年八月，胡适。"

九月十五日，出席一届人大第一次会议；二十日，会议通过《中华人民共和国宪法》，选出毛泽东为国家主席，朱德为副主席，刘少奇为一届人大常务委员会委员长，周恩来为国务院总理。

十月四日晨，日人须磨弥吉郎（战前曾任日本驻华外交官多年，战后任日本驻西班牙大使）至齐宅拜访，归国后成《中国心影录》一书，以记其盛，译文在一九五五年香港《热风》杂志六月号按期连载，须磨氏记云：

十月四日早上，我也不去询问对方方便与否，便访问了被称为当代第一的画家齐白石氏。九十四岁的他，现在不愧为画苑大师了。……我相信他总不致飨我以闭门羹的，于是决定事前不予通知，就登门趋访了。他住在库车胡同（引案：应作跨车胡同）第十五号，座落的房子，并不很大。……半晌，看门人的回报居然是齐白石极乐意与我相见。齐白石虽然说是年纪老迈，那时他却仍能够作画。我一直被带进他的画室。二十年前在北京，也是在他处见过一面的罗先生，当时亦在座，也可以说得是奇遇了。齐白石看到我，马上放下画笔，站起身来跟我话旧。他已经是九十四岁了，精神倒还矍铄。据说，只是听觉稍差了，仅能听到终日在旁侍奉他的女性的声音。右手也不很灵活了。那时，他正在画着一幅小品的牵牛花的图幅。欢谈片刻后，我称赞他的山水画得好，并坦白地表示，如果可能的话，希望他能够割爱一些给我。齐白石对我表示，他自己亦想保存一些作品；但假如我一定想要的话，就把一帧他七十二岁时的作品《水连天图》送给我。后来，他竟索性连那个从湖南湘潭起，一直对他提携的姚华（茫父）所画的《四君子图》也拿出来了。在他那些动作里面，隐隐暗示一种报酬——他的成功，姚茫父和我，与有力焉——的成分在内，我私下感到欣慰。记得当我在一九二七年的秋天，赴任北京的时候，齐白石的画，很少人理会，我却把他称做“东方的赛桑纳”，向德国的陶德曼、美国的詹逊两位公使一番吹嘘之后，他的名气也就逐渐大起来了。那时，凑巧鹿子木员信亦到北京，对我的说法，第一个表示共鸣，极口称赞齐白石的山水画，堪与赛桑纳媲美。……我固然因为能够与这位老友重晤而欢欣，同时，亦因获悉在法国住了很久的另外一位名画家徐悲鸿在一年前已物故的消息而黯然。”（案：赛桑纳，通译作塞尚 Paul Cézanne，1839—1906，法国名画家，被誉为“现代绘画之父”。）

是年，黄永玉绘《齐白石像》，白石老人亲笔题字：“齐白石像。永玉刻，又倩白石老人加题，年九十四矣。”又篆“百花齐放”横幅一张，以行书书毛泽东《沁园春》词，为荣宝斋写“发扬民族

齐白石自题黄永玉所绘《齐白石像》。

文化”六字横匾，笔力万钧，咸推为晚年代表作；尝致函东北博物馆云：“白石晚年，身逢盛世，国内外人士对余画之喜爱，应感谢毛主席与中国共产党对此道之倡导与关怀。”

一九五五年　乙未

白石九十五岁（即九十三岁）。在北京。

二月，在首都文学艺术界反对使用原子武器签名大会上发言，略云：“我画了六七十年画，我画好看的东西，画有生气的东西。我画一个虫都愿它生机活泼，谁又能容忍美好世界遭到破坏！”

三月二十五日，中央美术学院民族美术研究所所长黄宾虹在杭州西湖去世，年九十一岁（1865—1955）。

十二月，德意志民主共和国（东德）艺术科学院举为通讯院士。

是年，绘《祖国万岁图》。

一九五六年　丙申

白石九十六岁（即九十四岁）。在北京。

二月，任中国亚洲团结委员会委员。

四月二十七日，世界和平理事会书记处宣布将一九五五年度“国际和平奖金”授予中国画家齐白石。

八月十六日，书画篆刻家马国权至北京西单辟才胡同内跨车胡同十五号齐宅（购于一九二六年冬）拜访，马国权在《忆悼白石大师》一文中记云：

> 他的寓所是一间旧式的屋子，内有很宽敞的院落，陈设虽很朴素，但颇具幽雅的情调。老人的画室、客厅和他卧室并排地连在一起。我访晤老人那天，刚好他牙痛，躺在床上休息，但当他知道有远道从广州来的客人拜访他时，他马上起床，热情地把我

引进他的卧室。寒暄过后，我把一张所写的他的像送给了他，并把几张水墨画的习作拿给他看，请他指教。他架上了眼镜，首先看了他的像，看后频频点首微笑道谢，叫他的孙子把它安置在他的画室里；然后非常细致地看了我的习作，逐一提了意见，并且很高兴地说："青年人有志于此是很好的。你们的学画条件跟我们学画时的环境比较，真是天跟地啊！要在这里下功夫，首先要对描绘的物象有深切的了解，其次便是锻炼自己的表现能力。这些，你已有一定基础。再次，也是非常重要的，要对绘画的器具，如不同的笔、墨、颜色、宣纸等的特性，要有相当的熟悉。不注意这些，画的气韵就难以表现出来。这是青年人在学国画中所要特别注意的。"老人这种热情、和蔼，给青年人循循善诱的态度和精神，永远使我忘记不了。（后收入《艺林丛录》第二编）

九月一日，国际和平理事会在北京举行授予齐白石"国际和平奖金"仪式，由理事会书记处阿尔弗来多·瓦列拉颁发，周恩来、郭沫若、茅盾等均出席，该会国际和平奖金评议委员会在颂词中称："把'国际和平奖金'授予齐白石先生的决定不仅是根据这位画家在艺术领域中获得的高度成就，更重要的是由于他毕生颂扬的美丽和平的境界，以及人类追求美好生活的善良愿望，在全世界得到了共鸣。”又说：“画家在作品里表达了中国人民喜爱和平生活的优美感情，因之他的作品不仅为自己国土的人民所欣赏，也为世界各国人民所称道，他的作品有助于各国人民对于中国人民的了解，亦有助于各国人民之间和平友谊的增进。”郭沫若在会上讲：“齐白石先生富于正义感，热爱祖国、热爱和平，他的作品朴素而精炼地表达了善良人们对于和平生活的衷心爱好，近年来更热情地以自己的创作参加了保卫和平的事业。”又说：“齐白石先生不仅精于绘画，而且长于刻印，他的书法都出人头地。”最后祝贺“和平老人”齐白石百花长寿。

十一月，吴祖光著《画家齐白石》（北京出版社版）一书。冬，政府为之在北京雨儿胡同另置一宅，跨车胡同旧居由子孙分住。

是年，摄影家郑景康为摄《老画家齐白石像》，又策杖前往欣赏吴作人所画的《齐白石像》。

此数年中作画三百多幅。

一九五七年　丁酉

白石九十七岁（即九十五岁）。在北京。

五月十四日（此据《北京画院中国画选集·弁言》、《六十年文艺大事记1919—1979》；《齐白石百岁纪念杂谈》作十六日，误），中国画院（院长叶恭绰，一九六五年易名为“北京画院”）

齐白石画像两幅（左为徐悲鸿绘，右为王子武绘）。

成立于北京，任名誉院长，是日画院展出古今名作多幅，内中齐白石新作花卉，大书“白石时年九十有八”，盖作画时“连自己的真实年龄也记忆不清了，所以乃有‘时年九十有八’之误写”（朱省斋《齐白石百岁纪念杂谈》）。许麟庐记云：“齐老师九十六岁那年，我到他家去，道：‘老师呀！外面讲您九十以后的画糊涂了。（引案：指白石老人晚年在纸上直泼花青，世人对他这时的画大惑不解，议论纷纷，甚至有人说：“齐白石已经糊涂了，画的没有从前好了！”白石老人泰然处之，依旧在画案前寻寻觅觅，若有所失，偶有所得，笔起墨倾，欣然忘食。我说您又变法了，又夸张了。'老人定定地看着我，注意地听着，俄顷，会心一笑，大声说：'是的！——老是那个样子，没有意思啊！'"（《纪念齐白石老师一百廿周年寿辰》）

九月十六日，因病在北京医院去世，实际年龄不足九十四岁。（齐良怜《我的父亲齐白石》、易恕孜《白石老人生平略记》、邱奕松《齐白石小传》、传记文学社《民国大事日志》第二册、大陆杂志社《中国近代学人象传》初辑俱作卒于十月十六日，误。）二十二日，北京各界四百余人举行公祭仪式，周恩来、陈毅、茅盾、周扬等均出席，郭沫若挽以联云："百岁老人，永使百花齐放；万年不朽，赢得万口同声。"家属为之卜葬于北京西直门外魏公村湖南公墓，与夫人（陈夫人于一九四〇年正月二十一日在湘潭去世）墓并列，墓碑高六尺，碑文出自齐白石手笔，当中用篆写着"湘潭齐白石墓"，两旁用行书书写，文曰："一九四五年乙酉亲造生圹。""男良元良辅良昆良迟良己良末孙佛来等及曾孙凡廿余人。"（案：此墓穴于一九四五年由齐白石亲自设计营造，《齐白石年谱》未载。）五年前与齐白石"结邻有约"的叶恭绰纪之以诗，诗曰：

交谊谁云死卜邻，遗言一诺付埃尘；
曾罗亦是闲丘垅，谁伴吟风赏月身？

盖志其"幻住之愿"终未得遂也。（见张次溪《齐白石与广东人之关系》；诗中第三句之“曾罗”指诗人曾习经〔刚父〕、罗惇曧〔瘿公〕，一九二四年九月罗病逝北京，年五十三岁〔1872—1924〕，曾借厝于此，一九五二年曾习经遗榇由张次溪移葬“幻住园”中。)

谱　后

一九五七年　丁酉

十一月十五日，胡适在《齐白石画集》(荣宝斋版)题字云：“白石老人死在今年八月。他生在一八六三年十二月，故他死时还不满九十四岁。此册小传说他生在一八六一年，是用他称的岁数，倒推出的。其实是错的。他七十五岁时就自称七十七岁。故报纸上说，他死时九十七岁，其实，是九十五岁，实不足九十四岁。今年双十节买得此册。胡适一九五七年十一月十五日。”(王方宇在《齐白石的生平订正》一文指正此段有三处错误：一、齐白石不是一九五七年八月死的，而是九月十六日死的；二、齐白石不是一八六三年生的；三、也不是十二月生的。)

是年，人民美术出版社出版《齐白石作品集》。

一九五八年　戊戌

七月，洛非编写《齐白石公公的故事》(湖南人民出版社版)。

九月，钟灵编印《纪念齐白石》(人民美术出版社版)。

是年，美协举行齐白石遗作展览会，并编印《齐白石遗作展览会纪念册》（人民美术出版社版）。

一九五九年　己亥

四月，上海人民美术出版社印行《齐白石研究》（王朝闻等文，力群编）。

七月，胡佩衡、胡橐著《齐白石画法欣赏》（人民美术出版社版）。

八月，龙龚（原名胡文晓，乃齐白石早年师友胡沁园之孙，胡沁园于一九一四年五月去世）著《齐白石传略》（人民美术出版社版）。

是年，北京举行齐白石作品展览会。

一九六〇年　庚子

三月，上海朵云轩精印《白石老人写生》四幅（又印行《白石小品》第一、二辑，每辑十幅，无出版年月）。同月，日人须磨弥吉郎以所藏之齐白石全部作品一百多幅，假东京日本桥白木屋举行齐白石作品展；五月，移往美国加州旧金山容氏纪念博物馆（M. H. de Young Memorial Museum）展出。

一九六一年　辛丑

九月，陈凡辑印《齐白石诗文篆刻集》（香港上海书局版），

《辑后记》云:“齐白石曾说过:‘我的诗第一,印第二,字第三,画第四。’但亦有‘印第一,诗第二,书第三,画第四’及‘诗第一,印第二,画第三,画第四’的说法。……本书分为下列几个部分:一、白石文抄,二、白石诗抄,三、白石印谱,四、白石老人自述,五、附录。……十多年前,黎锦熙、胡适、邓广铭三人,曾就齐白石所供给的材料,编过一册《齐白石年谱》,比较之下,并没有这篇《自述》的详确。而且,当年那本《年谱》,运用材料的方法是间接的,这篇《自述》则是直接的,更为具体而亲切。本文是第一次发表,对于研究齐白石的人,无疑是可贵的资料。”

一九六二年　壬寅

二月二十四日,胡适病逝台北,年七十二岁(1891—1962)。

十月,人民美术出版社印行《白石老人自传》(即《白石老人自述》,题“齐璜口述,张次溪笔录”)。

一九六三年　癸卯

元月,易恕孜撰《白石老人生平略记》(台北《传记文学》第二卷第一期)。

十一月,罗家伦撰《看完〈白石老人自述〉后的感想》(台北《传记文学》第三卷第五期)。

齐白石被选为“世界文化名人”。

一九六四年　甲辰

一月一日，北京举行齐白石诞生一百周年纪念展览会，展览会假中国美术馆展览厅举行，包括绘画、书法、印章共二百余件，最早一幅作于光绪八年，白石时年二十岁。

十月，渺之著《白石老人逸话》（香港上海书局版）。

十一月，周剑心记《溥心畬齐白石合影》（台北《传记文学》第五卷第五期）。

是年，《齐白石作品集》三集（人民美术出版社版）于百岁纪念时出齐；全书分三集，八开精印，第一集绘画，由王朝闻撰序，第二集书法篆刻，由傅抱石撰序，第三集诗词，由黎锦熙撰序，第二、三集出版于一九六三年秋冬间。

一九六七年　丁未

一月，台北传记文学出版社印行《白石老人自述》（列为《传记文学丛书》之十二），殿以附录有关白石纪念文字多篇。

一九七一年　辛亥

中国书画研究会辑印《齐白石画》（香港太平洋图书公司版）。

一九七三年　癸丑

九月，香港市政局博物美术馆主办齐白石绘画书法篆刻展览，展品八十六件，并汇刊为《齐白石绘画书法印章》一书。

是年，赖恬昌出版英文著述《Ch'i Pai Shih》（齐白石），华盛顿大学出版部版。

一九七四年　甲寅

一月，张莲清编印《齐白石集》（香港太平洋图书公司版）。

三月，香港南通书局翻印胡佩衡、胡橐合著之《齐白石画法欣赏》，易名为《齐白石画法与欣赏》。

一九七八年　戊午

三月二十七日，黎锦熙病逝北京，年八十九岁（1890—1978），黎尝与齐氏五子良己合编《齐白石作品选集》一册。

一九七九年　己未

五月，王方宇、许芥昱著《看齐白石画》（台北艺术图书公司版），书中文字，由王方宇写中文稿，许芥昱写英文稿；同月艺术图书公司编印《齐白石全集》。

十二月，上海人民美术出版社出版《齐白石山水画选》（共十二幅，重庆博物馆藏）。

是年，邮政部发行齐白石画邮票一套，共十六枚。

一九八〇年　庚申

五月，台北艺术图书公司出版《齐白石画集》；同月人民美

齐白石逝世前一年之摄影（左、中两图为一九五六年摄；右图拍摄年份未详，精神极佳，或较左两图为早）。

术出版社印行《齐白石画选》（内收画一百零八幅）、《齐白石书法篆刻》（从该社一九六三年出版的《齐白石作品集》中选编部分书法、印章，印成简装本）。

是年，湖南美术出版社出版《齐白石绘画选集》（共五十五幅，选自湖南省博物馆藏）。

一九八一年　辛酉

九月，文化艺术出版社印行《白石画稿》（共二十五幅，王朝闻撰《代前言》）。

一九八二年　壬戌

二月，蒋勋《齐白石》一书由台北雄狮图书公司出版。

四月，人民美术出版社出版《白石画选》（共十二幅，北京画院藏）。

七月，香港集古斋、博雅艺术公司合编《近代中国画选》，选辑名作七十三幅，内收齐白石《竹鸡》《水族》两幅。

十一月，台北国华书画出版社印行《齐白石画集》。

是年，新世界出版社出版由华君武主编之大型彩色画册《当代中国画》（由中央美术学院名誉院长吴作人撰序），选辑齐白石、黄宾虹、徐悲鸿、何香凝、傅抱石、潘天寿、李苦禅、李可染、吴作人等九十位著名画家代表作九十幅，齐白石的代表作为《乌柏八哥》。

一九八三年十二月十二日香港

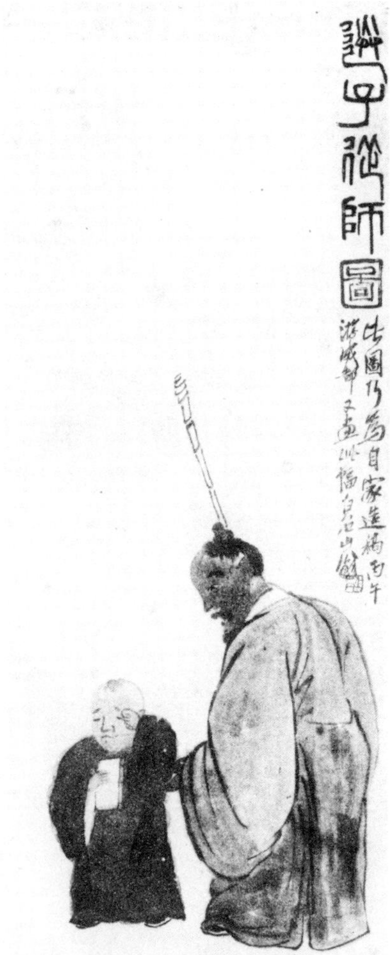

图一　送子从师图

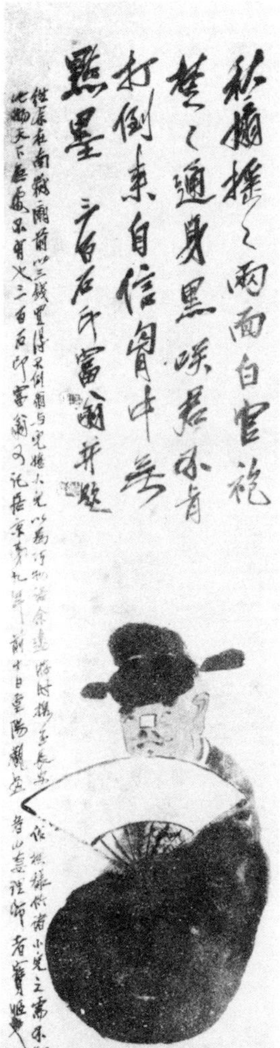

图二　不倒翁

图三　老当益壮

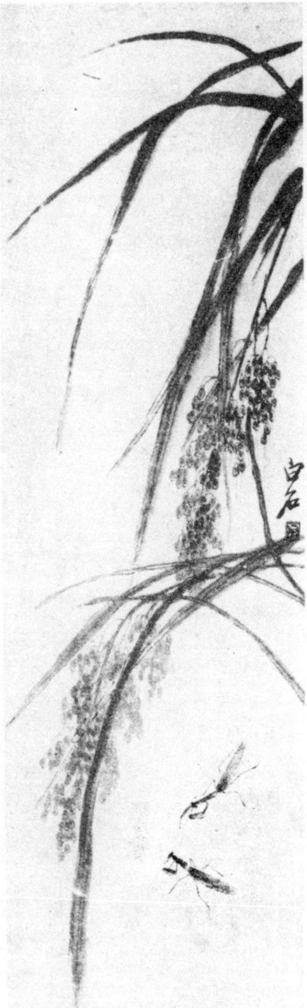

图四　稻头螳螂

图五　古瓶白玉兰

图六　莲盘残荷

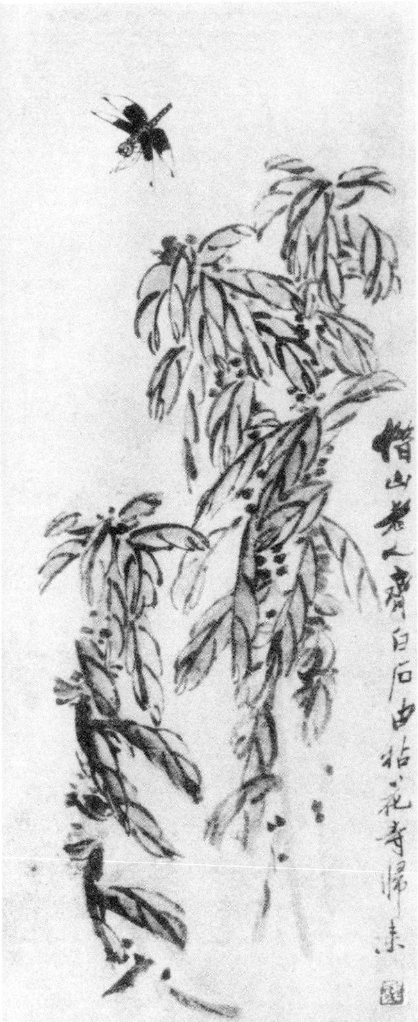

图七　老少年

图八　五蟹

图九　牵牛花

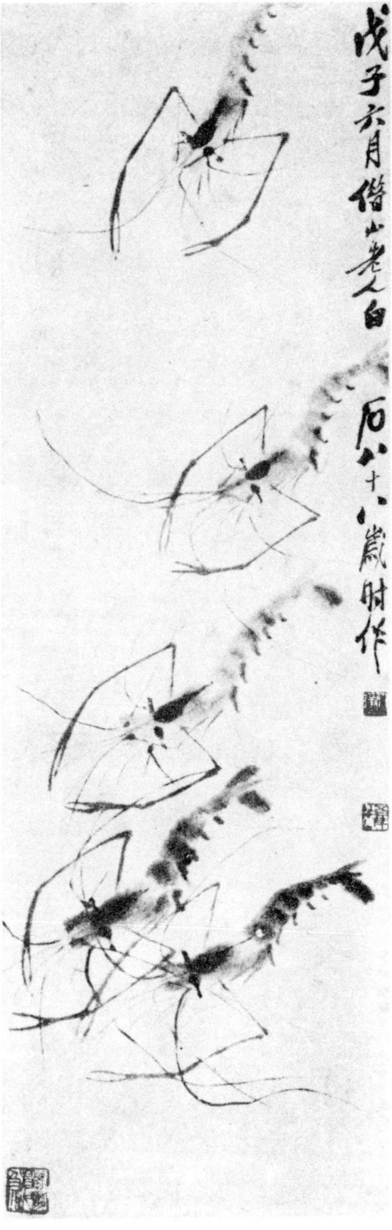

图十　墨虾

图十一　四蛙

图书在版编目(CIP)数据

齐白石年谱/胡适等编. --杭州 ：浙江人民美术出版社，2020.1
ISBN 978-7-5340-7562-9

Ⅰ. ①齐… Ⅱ. ①胡… Ⅲ. ①齐白石（1864-1957）-年谱 Ⅳ. ①K825.72

中国版本图书馆CIP数据核字(2019)第174030号

齐白石年谱
胡　适　等编

责任编辑　张金辉　左　琦
装帧设计　霍西胜
责任校对　余雅汝
责任印制　陈柏荣

出版发行　浙江人民美术出版社
（浙江省杭州市体育场路347号）
网　　址　http://mss.zjcb.com
经　　销　全国各地新华书店
制　　版　浙江时代出版服务有限公司
印　　刷　浙江海虹彩色印务有限公司
版　　次　2020年1月第1版
印　　次　2020年1月第1次印刷
开　　本　787mm×1092mm　1/32
印　　张　4.75
字　　数　76千字
书　　号　ISBN 978-7-5340-7562-9
定　　价　30.00元